JN075032

表現力が伸びる! 気持ちを伝える!

小学生のための ことば変身辞典

著者　こな・つむり
監修　深谷圭助　中部大学教授

KANZEN

はじめに

こんにちは。こな・つむりです。わたしは元書店員で、現在は書店などに置いてあるPOP職人をしております。その傍らで、まだ手のかかる3人の子どもの母親です。

「書店員のお子さんなら本が大好きなんでしょ?」ってよく言われますが、そんなことはまったくありません。うちの子たちが、放っておいても自分から読書感想文を書いてくれるような子たちだったら、本書は生まれることはありませんでした。

この本は「思ったことを言葉にするのが苦手」「言いたいことはあるけれど言葉が出てこない」「読書感想文を書くのがめんどう」と感じたことがある子どもたち、そしてその親御さんにぜひ読んでもらいたい本です。

わたしは仕事柄、書店員さんや作家さん、司書さん、学校の国語の先生と話す機会が多いのです。そこでよく話題に出るのは、子どもたちは読書感想文を「書かされている」と思っているということ。だから「読書がきらいになる」という意見もたくさん聞きます。

人の心を掴むＰＯＰを書くために、日々たくさんの本を読み、また読書感想文の本を買いに訪れる親子の接客をする中、母親目線で選書のお手伝いをするうちに、わたしは読書感想文や子どもの国語力について深く考えるようになりました。

どうしたら子どもたちは、「書かされている」なりにも「読書ってすごい」と思えるようになるのでしょうか。

そう、読書ってすさまじい体験ができるんですよ。

自分にぴったり合った本と出会い、ストンと腹に落ちたとき、雷に撃たれたような読書体験ができる瞬間があるのです。それに「気づく」か「気づかないか」で、その後の読書に対する考え方が大きく変わってしまうのです。

少しでも子どもたちや親御さんの力になれればと思い、わたしが持っている技術と経験を存分に活かして、これまで講座などをしてきました。この本はその講座の内容と、ＰＯＰ職人をやってきた技術と、母親としての経験をまとめた１冊です。

この本を読んだら、読書感想文が楽になるとは言いません。ただ、読書感想文に向かうときの気持ちが、楽になると思います。

子どもたちだけではなく、わたしと同じＰＯＰ職人さんや、ものを書きをしているみなさんの永遠の悩み……。それが「読んで思ったことを言葉にする」こと。

この本が、自分の内側の声と向き合うための手助けとなれば幸いです。

こな・つむり手描きPOP
こな・つむりがこれまでに描いてきた、
本の紹介POPの一部です！
残月記
小田さんの想像力と、あなたの想像力がリンクする
月の裏側へ、オイデ……カエッテコレナイヨ……
ダークファンタジー
小田雅久仁
双葉社
夫は浮気をしている。
私は子供が出来ない。
ある夜、コンビニで
中学生の少年に出会い、
定期的に会うようになる。
どこにでもある、普通の家庭の
ちいさな ほころび
だれにでもある、心の闇、
醜さ、葛藤、光、優しさ、心の叫び
これは毒書。私の心を掴み揺さぶる。
24 コンビニ
講談社
スモールワールズ
一穂ミチ
見えている一面だけが、その人の全てではない。

ある日のこな・つむり家

こんにちは。こな・つむりです。

いつものこな・つむりは、

本のポップ職人ですが、

おすすめ本

家では子ども3人のオカンで

しくだい

げぇみんぐPC

げぇむ

スマホ

我が子も例にもれることなく

読書感想文がニガテ。

そもそもまず宿題がキライ

ママぁ手伝ってぇ

めんど

やりたくなぁい

おねえちゃん『ことちゃん』

まんなかっこ『げんくん』

すえっこ『もんたくん』

放っておいても

やるわけがない

「書店員のお子は本好き」、なんて
我が家にとっては
神話
ポイッ
ようわからん
ねえ本屋さんいこっか
ムリ
〇ーちゅーぶ
読書感想文を書いてもらうって
大変。
うぜーっ
そして、気づいたんだが
読書感想文は子どもひとりではできんらしい。

それはことちゃんが小学1年生のときだった
小学校はじめての夏休み
今日は、
読書感想文やろっか
あれ……
もしかして……
学校で
習ってきてないの？
作文の書き方
作文って？
その瞬間悟ってしまった
この宿題大変かもしれない
つい先日、平仮名を書けるようになった人に原稿用紙3枚なんて
(その当時は小一も3枚だった)
書けるわけないじゃん

ママぁ
もう
ムリだ
書けない
吐血
そんなこと
言わないで
まだ、
1枚目じゃんっ
そうだ
これは
わたしたち親子に
課せられた
どれ どれ
ママといっしょに
やろっか。
試練かもしれん
忍耐という名の
これあと、
すえっこ もんたくん
0歳児
へんしん
3歳児
まんなかっこ
げんくん
何年続くんだよ

この本の使い方

●1章「頭の中を整理してみよう」
頭の中にあるもやもやとした、言葉にするのが難しい感情をどのように整理するのかをまんがを通して学ぶことができます。

●2章「言葉の変身」
「うれしい」「悲しい」などの言いかえ語を、例文とともにたくさん知ることができます。自分の気持ちを相手によりくわしく伝えたいとき、上手に言葉で気持ちを表せないときなどに使えます。

●3章「おうちの人とやってみよう」
頭の中で考えていることを「書いて」表現するための準備として、

おうちの人といっしょにできる「読書感想インタビュー」の方法を紹介しています。「読書感想文を書くのが難しい」と感じたことがある人は、ぜひこの方法を参考にしてみてください。

●4章「文章を書いてみよう」

実際に読書感想文を書くときに役立つ、さまざまなポイントを学ぶことができます。読書感想文を書く前に読んでおくと、いつもよりちょっとだけ作文が書きやすくなるかもしれません。

●5章「話し言葉で伝えてみよう」

「話す」ときの言葉の選び方や、ポイントを知ることができます。「はじめての人との会話が苦手だな」と感じたことがある人は、ぜひ読んでみてください。

2章の使い方
気持ちを表すいろいろな種類の言葉が並んでいるよ
2章 言葉の変身～うれしい～
とてもうれしい
ちょっとうれしい
パート1 うれしい
ときめく
わくわく
ほおがゆるむ
足取りが軽い
小おどりする
晴れ晴れとする
夢見心地
歓喜する
目をかがやかせる
天にものぼる心地
変身!!
こんな言いかえもできる!
ほくほく
凱歌を歌う
にこにこ
水を得た魚のよう
顔をほころばせる
有頂天
41
40
左にいくほどより強い気持ちを表す言葉になっているよ
●どんな言葉で表していいかわからないときは、このページを見ながら自分の気持ちと近い言葉を探してみてね

それぞれの単語の意味と例文がのっているよ

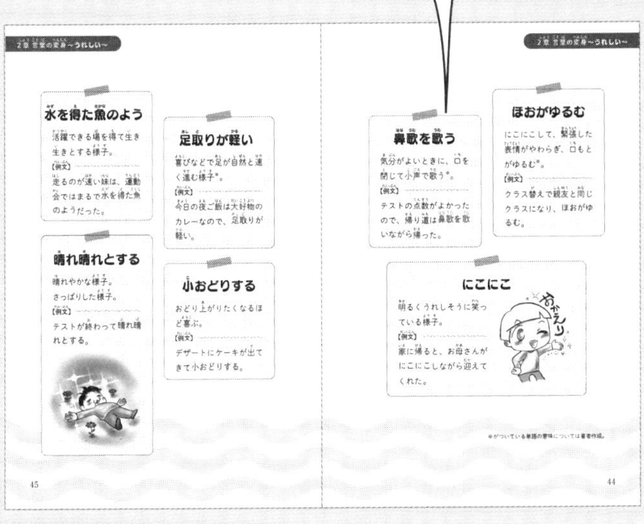

●自分なりの例文を考えながら読んでみよう

●作文を書いていて困ったときは、
　これらの中から気持ちに近い単語を選んでみよう

言葉の意味については『例解学習国語辞典第十一版』、『例解学習類語辞典』（いずれも小学館）を参考に作成。なお、※がついている単語の意味については著者作成。

はじめに 2
「ある日のこな・つむり家」 6
この本の使い方 10

1章 頭の中を整理しよう 17

国語力はなぜ必要？ 18
「魚が食べられなくても……」 20
頭の中でいろいろ想像をしてみよう 24
「ずかんでは気づけない発見」 26
日常会話も国語力を育てる大事なカギ 31
「心のもやもやを言葉に」 32
本当の気持ちに気づかせてくれる 36
書店員さんのPOP紹介① 38

2章 言葉の変身 39

パート1 **うれしい** 40
パート2 **悲しい** 48
パート3 **おもしろい** 56
パート4 **おこる** 64
パート5 **おどろく** 72
パート6 **こわい** 80
パート7 **暗い気持ち** 88
パート8 **はずかしい** 96
パート9 **美しい** 104
パート10 **感動する** 112
パート11 **好き** 120
パート12 **おいしい** 128
パート13 **がんばる** 134
書店員さんのPOP紹介② 140

3章 おうちの人とやってみよう 141

読書感想インタビューをやってみよう 142

「読書感想文、いっしょにやろうよ」 144

1 自分で本を選ぶ 148

2 感想を言葉にする 149

3 気づきを得る 152

4 学びを得る 155

書店員さんのPOP紹介③ 160

4章 文章を書いてみよう 161

感想文を書いてみよう 162

あらすじよりも「気持ち」を言葉に 164

文章のふくらませ方 165

パターン① 自分の経験を振り返る 166

パターン② もし、わたしが○○だったら 168

パターン③ 学びを日常に活かす 170

そのほかのパターン 172

原稿用紙の書き方を知ろう! 174

書店員さんのPOP紹介④ 176

5章　話し言葉で伝えてみよう　177

「書く」と「話す」言葉のちがい　178
共感ってなに？　179
聞き上手になろう　180
コミュニケーション上手になるコツ　182
（おうちの方へ）親子のコミュニケーションのコツ　186

おわりに　188
さくいん　190

1章

頭の中を整理しよう

国語力はなぜ必要？

国語の成績をよくするにはどうしたらよいのでしょうか。たくさん本を読んでいれば、国語力は身につくのでしょうか。

最近、国語の中で重視されているのが、「論理的に筋道を立てて、ものごとを考え、表現する力」です。そのほかにも、他人の心の痛みを自分の痛みとして感じる心、美的感性といった力も大切です。

これらの国語力が不足していると、コミュニケーションが上手く取れない、文章の内容を正しく理解できない――などのさまざまな問題が生じるおそれがあります。

だから、国語力は生きていくうえで必要不可欠なのです。

文部科学省によると、国語力は主に「考える力」「感じる力」「想像する力」「表す力」の4つの力で構成されています。

この章では、まず「表す」前段階である「感じる力」「想像する力」「考える力」をきたえるために大切なことを紹介します。

国語力とは

❶「考える力」

聞いたり、読んだりした情報を正確にとらえる力。

❷「感じる力」

人の気持ちを感じ取ったり、本や映画などの作品、そして自然などに感動できる力（情緒力）。

❸「想像する力」

実際に経験・存在していないものごとについて、頭の中で自由にイメージをふくらませることができる力。

❹「表す力」

考え、感じ、想像したことを言葉で表す力。

↓

これらを総合して「国語力」

魚が食べられなくても……

SDGsの本
SDGsね。
よっしゃ
ママといっしょに読んでみよっか。
ぼくはこの本がいいな。
ぼくね、
小四
すえっこの
もんたくん
海に捨てられた
プラスチックを
魚が食べてしまうお話が
気になるんだ
プラスチックを食べた魚がおって
人間がその魚を食べることもあるんやで
やばいでぞ。
ええ？
それ本当？
コな・つむり
へえーっ
うちの息子にしては
めずらしく
ちゃんと
読めてるやん

もしかしたら
しかし、
覚えておいていただきたいのは
今年の読書感想文は早く終わるかもしれん
子どもから、親が望むような答えが必ず返ってくるとは限らない。
Memo
プラスチックのゴミを食べた魚を、人間が、食べることがある
メモメモ
それは困るね
OSAKANA
プラスチックの入ってるお魚
ママは食べたくないなぁー
おっ
よい反応だ!!
このままいけばすんなり終わるやんw

もんたくんの好きなお寿司屋さんがなくなっちゃったらどうする？
いやだよね。
スＯロー
へい、らっしゃい！
キッパリ
あっ、それは大丈夫だよ！
ぼく、魚
きらいだもん
えっ?!
ちょ、ちょちょっとまてよ。
ねえ、
もんたくんお寿司屋さん好きだったよね!?

ぼくはさぁ

ハンバーグにぎり

お寿司屋さんの
ハンバーグにぎりが
大好きだから
だいじょーぶだよ

ここで一句。

夏休み
迷走するよ
感想文

頭の中でいろいろ想像をしてみよう

「考える力」「感じる力」「想像する力」をきたえることは、簡単なことではありません。いきなり「ひとりで考えてみなさい」と言われても難しいもの。もんたくんのように、おうちの人や先生など、周りの大人といっしょに「考え」をどんどん深めていきましょう。

SDGsの本について読書感想文を書くことになったもんたくんは、「プラスチックのごみを食べた魚を人間が食べることもある」という問題に気づくことができました。これは「考える力」と「感じる力」による立派な気づきです。

ここでさらに一歩前進するために必要なのが「想像力」です。もんたくんはハンバーグのお寿司が大好きなので、自分には関係がないことだと考えました。

では、ここで一度、もんたくんが家族や友だちとお寿司屋さんに行くことを想像してみましょう。もんたくんはハンバーグを最初に食べますが、いくら大好きでも、ハンバーグのお寿司ばかりを食べるとは限りませんね。それに、そのあとにはイクラやサーモンのお寿司も食べたくなるかもしれません。それにいっしょにいるおうちの人は、ハンバーグ以外のお寿司も食べるはずです。もし、海がゴミだらけになり魚のお寿司が食べられなくなったら残念な気持ちになりますよね。

自分以外のことにまで**想像をふくらませてみることが、国語力における「想像する力」**なのです。

おうちの方へ

子どもから予想外の回答が返ってきても、否定しない。「そうきたか」と大人もいっしょに楽しみながら理解を深めていくことが大切です。

ずかんでは気づけない発見

見てっ!!
ダンゴムシすごい?
た、たくさんだね
あー
すごいね
よしよし
すんげいっぱい
つかまえたでぞ。
一日中虫ばっかりさがしていますよ
うへえ あたま あせでベタベタ
じゃーなー ばいばーーい

さよなら〜 バイバーイ

さて、帰ろうか

あー

とんとん

ママぁ おれ すげぇよ

バッタ18匹も つかまえたんだぜ すごくない？

めっちゃすごいね。

ママー でっかいたんぽぽー

みてっ

あれは ヒマワリだよ

興味のあることは

あっ

クモの巣に 虫が ひっかかってる

おーい 虫さん！ 食べられちゃうぞ

とことん夢中

あっ、ちょうちょ
まって
ええっ
ママは　とことん
付き合うよ
ママぁ
見て　見て!
ええーっ
あー
こうやってちょうちょを
じぃーっと見るとさ、
目にポツポツが
いっぱいあるんだぜ

大人が思っている以上に、子どもの脳内は
また？
あ、ダンゴムシー
ママー 知ってる？
ダンゴムシって 顔にツノが2本生えてるんだぜ
そうなん？ 知らなかったよ
ねえ、ダンゴムシって 足は何本あるの？
え？ あしのほんすう？
ダンゴムシ
いろんな言葉で あふれてる
1、2、3、4、5、6…
7、8、9、10、11、12…
そして時折、
思いもよらない答えが
んとねー
5本
うそやーっ
返ってくるから おもしろい

日常会話も国語力を育てる大事なカギ

子どもにとっての世界は、まだまだ知らないことであふれています。常に新しいものやことに興味・関心を持ち、目をかがやかせることができるのは、子どもの特権です。

おびただしい数のダンゴムシを手づかみでつかまえたげんくんのように、「知りたい」というわくわくを原動力に、まずはいろいろなことに挑戦しましょう。そして、目で見て観察したり、さわったり、調べたりしたことを自分の脳内にインプットするのです。

そうしてインプットしたことを、アウトプットするもっとも身近な方法が「日常会話」です。日常会話というアウトプットにとことん向き合うことが「国語力」を伸ばす手助けになります。

読書感想文講座の参加者さん
この本で読書感想文が書きたくて
志段味図書館
図書館で読書感想文の講座をしたときのこと
みぃちゃん（小6）
どのシーンが一番好きかな？
えっと
メモ
メモ
おじいちゃんが亡くなってしまうお話で、
こな・つむり
へぇ
おじいちゃんが亡くなる前にね、
うん
家族とね、
うん
うん
いっぱいおしゃべりするところ
なるほどね
みぃちゃんから聞いたことを
おじいちゃんが亡くなる前、
家族といっぱいおしゃべりする
シーンが好き
せっせとメモする。（走り書き）

みぃちゃんに おじいちゃんは いるかな？

2年前に 亡くなったよ

この本の中の 家族みたいに

みぃちゃんは 亡くなる前の おじいちゃんと いっぱい話せた？

りんごの木を

ううん おじいちゃんと ぜんぜん 話せなかったの

ギュッ

コロナでね おじいちゃん、入院してからは 面会できなくて
お話できないまま お別れに なっちゃったの

みぃちゃんは、おじいちゃんとの別れ方を悔やんでいるんだ…
みぃちゃん、
おじいちゃんね
このもやもやした気持ち
くみ取ってあげられたら…
文字にできたら
ねえ、みぃちゃん。
みぃちゃんはもっとおじいちゃんとお話したかったの？
うん
ずっと、そう思っていたんだね
うん

でもね、みぃちゃんが
おじいちゃんのこと
まだ忘れないでいて
くれるから
みぃちゃんの中で
おじいちゃんは
まだ生きてるよ
今も元気な
おばあちゃんや
みぃちゃんへ
お父さん、お母さんと、
どんな別れがあるか
わからないから、
悔いのないように
コミュニケーションを
いっぱい取りたいです。
そうしめくくり
みぃちゃんは
3時間で
読書感想文を
書き上げ
達成感でいっぱいの
笑顔で
帰って行きました。

本当の気持ちに気づかせてくれる

おじいちゃんが亡くなったというストーリーの本について、読書感想文を書くことになったみいちゃん。その本のどんなところをよいと思ったのかを聞かれ、みいちゃんは「おじいちゃんが亡くなる前に、家族とたくさんお話をするところ」と答えました。インタビューをくり返すうちに、自分の経験と本の内容を重ねあわせながら読んでいたことにみいちゃんは気づきます。

頭の中にもやもやと浮かんでいる複雑な感情は、自分の力だけでは言葉に表しきれないことも多いでしょう。

みいちゃんが抱えていた「悲しい」という気持ちも、1種類ではありません。会話を通じて、みいちゃんの複雑にからみ合った感情の糸は1本ずつていねいに解かれていきました。
みいちゃんとこな・つむりのように、会話を重ねることで、少しずつ頭の中のもやもやを整理することができるのです。
このときに大切なポイントは、あせらずにじっくりと考えながら、自分なりの言葉にしていくことです。おうちの人といっしょに会話を重ね、「どのシーンで心が動いたのか」「どうしてそう思ったのか」「どのように感じたのか」を考えてみて、ひとつずつ感情の糸を解いていきましょう。そうすることで、だんだんと視野が広がっていき、これまで気づくことができなかった新しい世界が見えてくるはずです。

おうちの方へ

回答が返ってくるまではじっくり、根気よく待ちましょう。大人が答えを先に言ってしまわないように気をつけて。

書店員さんのPOP紹介①

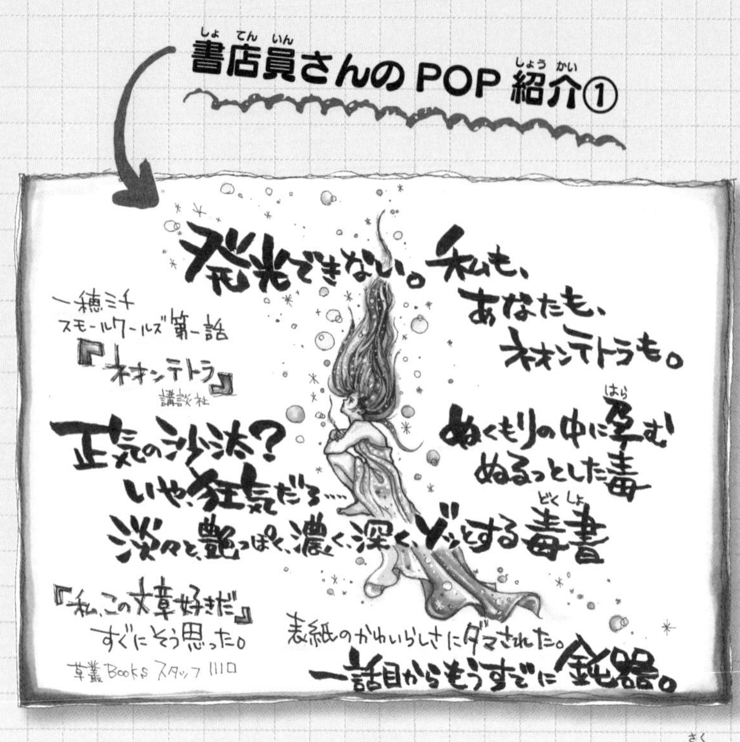

こな・つむり作

「毒書」という造語を
キャッチコピーにすることで、
この本のこわさや不気味さ、中毒性を秘めて
いることを表現しました。表紙のかわいらしさから
「いやし系」の本だと勘違いされやすいので、
ミステリー好きの人にも読んでもらえるよう
意識して書きました。

2章(しょう)

言葉(ことば)の変身(へんしん)

パート1　うれしい

ちょっとうれしい

ときめく
わくわく
ほおがゆるむ
足取りが軽い
小おどりする

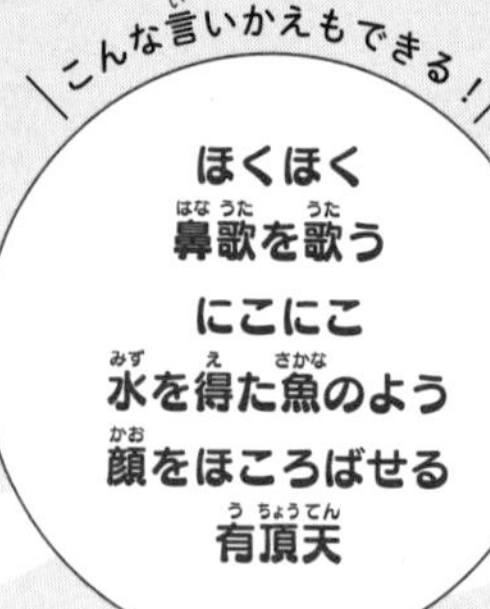

こんな言いかえもできる！

ほくほく
鼻歌を歌う
にこにこ
水を得た魚のよう
顔をほころばせる
有頂天

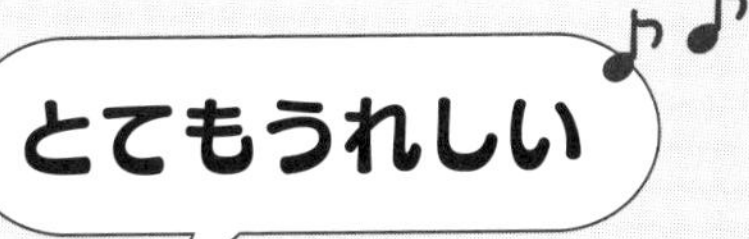

晴れ晴れとする

夢見心地

歓喜する

目をかがやかせる

天にものぼる心地

言葉の変身〜うれしい〜

ほしかったゲームをプレゼントしてもらい「とびきりうれしい」という言葉を使うことができます。気持ちのときには「目をかがやかせる」という言葉を使うことができます。

一方で、きれいなお花を道ばたで見つけたときなど、日常で「ちょっとうれしい」という気持ちになることもありますね。そんなときは、心が「ときめく」という言葉で気持ちを表すことができます。

「水を得た魚のよう」ということわざは「活躍できる場を得て生き生きしている様子」を表します。たとえば、「次はぼくが得意な図工の時間だ。よし、がんばるぞ」と言っている友だちがいたら、「まるで水を得た魚のようだ」と表すことができます。

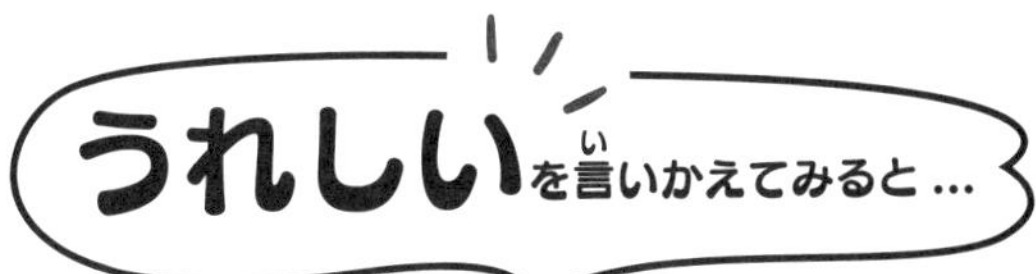

ほくほく

うれしさをかくしきれない様子。

【例文】

兄はお年玉をたくさんもらってほくほくしている。

ときめく

喜びや期待で胸がどきどきする。

【例文】

大好きな「推し」に会えて胸がときめく。

わくわく

期待などで心が落ち着かない様子。

【例文】

明日は遠足なのでわくわくしてねられない。

鼻歌を歌う

気分がよいときに、口を閉じて小声で歌う※。

【例文】

テストの点数がよかったので、帰り道は鼻歌を歌いながら帰った。

ほおがゆるむ

にこにこして、緊張した表情がやわらぎ、口もとがゆるむ※。

【例文】

クラス替えで親友と同じクラスになり、ほおがゆるむ。

にこにこ

明るくうれしそうに笑っている様子。

【例文】

家に帰ると、お母さんがにこにこしながら迎えてくれた。

※がついている単語の意味については著者作成。

水を得た魚のよう

活躍できる場を得て生き生きとする様子。

【例文】

走るのが速い妹は、運動会ではまるで**水を得た魚のよう**だった。

足取りが軽い

喜びなどで足が自然と速く進む様子※。

【例文】

今日の夜ご飯は大好物のカレーなので、**足取りが軽い**。

晴れ晴れとする

晴れやかな様子。さっぱりした様子。

【例文】

テストが終わって**晴れ晴れとする**。

小おどりする

おどり上がりたくなるほど喜ぶ。

【例文】

デザートにケーキが出てきて小おどりする。

夢見心地

夢のようなうっとりとした気持ち。

【例文】

好きな子とデートの約束をして夢見心地になる。

顔をほころばせる

うれしくて思わず笑顔になる。

【例文】

おばあちゃんは孫の顔を見て、つい顔をほころばせた。

歓喜する

興奮するほど、激しく喜ぶ様子。

【例文】

大会で優勝し、歓喜のあまり泣き出す。

有頂天

最高の気分で、とても得意になること。

【例文】

テストで100点を取って有頂天になる。

目をかがやかせる

喜びや期待に、目をきらきらさせる。

【例文】

ほしかったゲームをプレゼントしてもらい、目をかがやかせる。

天にものぼる心地

とてもうれしくて、うきうきする気持ち。空を飛ぶような喜び。

【例文】

あこがれのサッカー選手に会えて、天にものぼる心地。

パート2　悲しい

悲しい

心が痛む

やるせない

胸がしめつけられる

うなだれる

打ちひしがれる

なげく

絶望

身を切られる

目の前が暗くなる

身も世もない

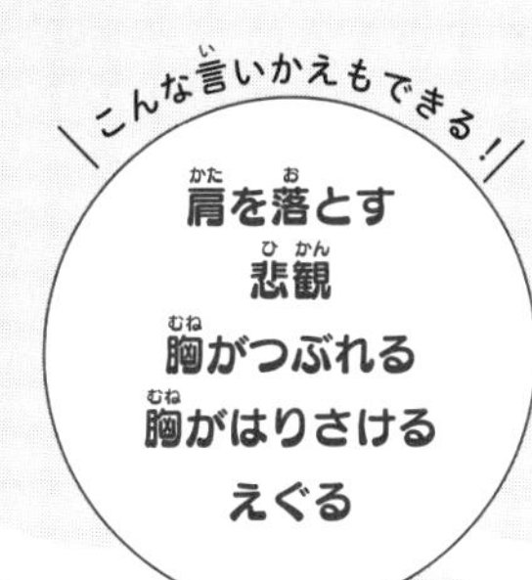

言葉の変身～悲しい～

悲しい物語の本を読んだり、映画を観たりしたときに「胸がしめつけられる」気持ちになったことはないでしょうか。

「悲しい」という気持ちを表す単語には「心が痛む」や「胸がつぶれる」というように、「心」「胸」という言葉が使われることが多いです。

ほかにも「身も世もない」という言葉は、「自分自身のことも、世間体（他人にどのように思われているかということ）も考えていられないほど悲しい」という意味の慣用句です。大切な人の死など、大きな悲しみを感じて、取り乱して泣いているような様子を表すときに使われます。

肩を落とす

がっかりして、力が抜けて肩が下がる。

【例文】

試合に負けて肩を落とす。

心が痛む

心に痛いほどの悲しみを感じる。また、申し訳ないという気持ちで苦しくなる。

【例文】

お母さんにうそをついてしまい、心が痛む。

やるせない

悲しみなどのまぎらわしようがなくて、どうしようもない気持ち。

【例文】

失恋してやるせない気持ちになる。

胸がしめつけられる

悲しみなどで胸が押さえつけられるような感じがする。

【例文】

悲しい物語の本を読んで胸がしめつけられる。

悲観

これから起こることを上手くいかないだろうと予想して悲しむこと。

【例文】

自分の将来について悲観的になる。

胸がつぶれる

悲しみで心がいっぱいになる。

【例文】

悲惨な事件のニュースに胸がつぶれる。

うなだれる

失望や悲しさ・はずかしさなどのために力なく首を前にたれる様子。

【例文】

遅刻したことを先生におこられてうなだれる。

胸がはりさける

とても深い悲しみに打ちひしがれる。

【例文】

友だちのネコがいなくなったと聞いて、胸がはりさけそうだ。

えぐる

心に強い苦痛を与える。

【例文】

心がえぐられるようなつらい失恋をした。

打ちひしがれる

精神的に強いしょうげきを受けて、気力がなくなる。

【例文】

大切にしていたぬいぐるみをなくして打ちひしがれる。

なげく

ひどく悲しむ。世の中などを腹立たしく思う。

【例文】

飼いイヌの死をなげき悲しむ。

絶望

期待や希望がまったく失われること。

【例文】

一生懸命書いた作文を破られて絶望する。

目の前が暗くなる

望みがまったくなくなってしまう。

【例文】

財布をなくし、目の前が暗くなった。

身を切られる

つらさ・寒さなどの激しいこと。大変つらいこと。

【例文】

仲よしの友だちが遠くに引っ越すので、身を切られる思いでお別れした。

身も世もない

自分のことや世間への体裁（人目にうつる自分の状態）を考えていられないほど、悲しい様子。

【例文】

おじいちゃんが亡くなり、おばあちゃんは身も世もないほど悲しんだ。

パート3　おもしろい

ちょっと笑(わら)ってしまう

苦笑(にがわら)い
にやにや
照(て)れ笑(わら)い
くすくす

へらへら

ふき出す

満面の笑み

げらげら

へそで茶をわかす

言葉の変身～おもしろい～

「おもしろい」や「笑う」という単語はさまざまな言葉に言いかえることができ、それぞれ少しずつ意味合いが変化します。

「げらげら」という言葉は、テレビでお笑い番組を観ているときなど、おかしくて笑いが止まらないような状況で使います。

一方で、ほかの人のことをばかにするように笑う様子は「にやにや」や「冷笑」などの言葉を使うことが多いです。このような笑い方は、相手を傷つけてしまうこともあるので気をつけましょう。

「へそで茶をわかす」ということわざは、大笑いしてお腹が動く様子が、茶がまのふたが動いているように見えることから使われるようになったと言われます（語源は諸説あり）。

おもしろいを言いかえてみると…

にやにや

声を立てず、意味ありげに笑う様子。

【例文】

お父さんはいつもスマホを見ながらにやにやしている。

苦笑い

苦々しく思いながら、しかたなく笑う。

【例文】

お父さんのつまらないダジャレに苦笑いした。

冷笑

相手をばかにして、冷ややかに笑うこと。

【例文】

人が一生懸命がんばっている姿を冷笑してはいけない。

照れ笑い

はずかしさや気まずさのために、照れて笑うこと。

【例文】

両親にテストの点数をほめられた弟は、照れ笑いを浮かべている。

くすくす

声をひそめて笑う様子。

【例文】

シャツのボタンをかけちがえていたぼくを見て、友だちはくすくす笑った。

ほほえむ

おだやかに、にっこり笑う。

【例文】

おばあちゃんはいつも優しくほほえんでいる。

ユーモア

こっけいであいきょうのある様子。

【例文】

まゆちゃんは明るくてユーモアにあふれているので、いつも周りにたくさんの人が集まっている。

へらへら

だらしなく笑う様子。

【例文】

さとしくんは先生におこられてもへらへらしている。

ふき出す

がまんできずにぷっと笑い出す。

【例文】

友だちとにらめっこをしていて、思わずふき出した。

満面の笑み

とてもにこにこしている様子。「満面」は顔全体。

【例文】

あの子はいつも満面の笑みであいさつをしてくれる。

げらげら

遠慮なく、明るく大きな声で笑う様子。

【例文】

遠足に行くバスの中では、みんなでずっとげらげら笑っておしゃべりをした。

けたけた

聞く人を不愉快にさせる感じで、甲高い声で笑う様子。

【例文】

人が転んだ様子を見て、けたけたと笑う。

抱腹絶倒

腹を抱えて、たおれるほど大笑いすること。

【例文】

さとしくんの一発ギャグがおもしろくて、抱腹絶倒させられた。

へそで茶をわかす

ばかばかしくて笑わずにはいられない。

【例文】

母は毎年「今年こそ10kgやせる」と言っているが、へそで茶をわかすような話だ。

腹の皮がよじれる

大笑いする。「よじれる」はねじ曲がるという意味。体がねじ曲がるほど大笑いするということ。

【例文】

お笑い番組を観て、腹の皮がよじれるほど笑った。

パート4　おこる

ちょっとおこる

いらいら
むっとする
すねる
虫（むし）の居（い）所（どころ）が悪（わる）い

かっとなる

八つ当たり

頭に血が上る

息まく

はらわたが煮えくり返る

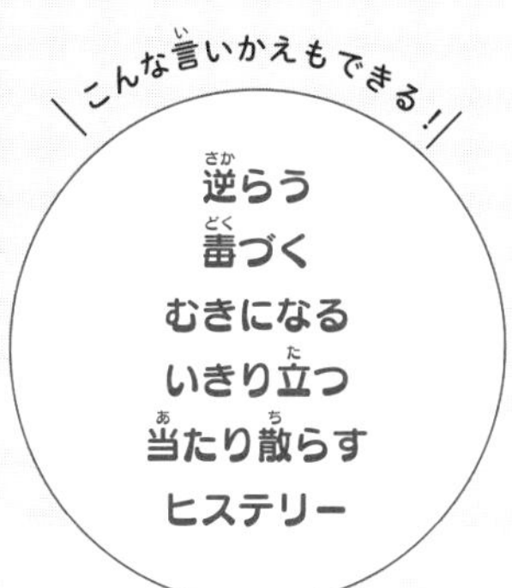

言葉の変身～おこる～

学校で先生にしかられて、わざと反抗的な態度を取った経験はありませんか。そのような態度や表情をすることを「すねる」という言葉で表現します。すねてばかりいると「子どもっぽい」と思われてしまうので注意しましょうね。

また、激しくおこって頭がぼうっとするほど興奮していることを「頭に血が上る」と表現します。ここまでの「いかり」を感じることは、日常生活ではめずらしいかもしれません。

「はらわたが煮えくり返る」の「はらわた」とは、大腸や小腸のことを指します。内臓がふっとうするほどの、激しいいかりを感じていることを表したいときに使います。

おこるを言いかえてみると…

むっとする

おこっている気持ちや不快感が、顔に表れている様子。

【例文】

友だちにいやなことを言われてむっとした。

すねる

不平に思って、人の言うことに素直に従わない。ひねくれて意地をはる。

【例文】

おかしを買ってもらえなかった妹は、すねた態度を取っている。

いらいら

思いどおりにならず、気があせって、落ち着かない様子。

【例文】

宿題をしたいのに、となりの部屋の弟がうるさくていらいらする。

逆らう

目上の人の意見や決められたことに反抗する。

【例文】

親の言うことに逆らうとおこられる。

かっとなる

急におこり出し、頭に血が上る様子。一時的ないかりを表すことが多い。

【例文】

お兄ちゃんにからかわれて思わずかっとなってしまった。

虫の居所が悪い

きげんが悪く、おこりやすい状態にある。

【例文】

今日のお父さんは虫の居所が悪いので、おこづかいをねだるのはやめておこう。

むきになる

大したことでもないのに、本気になって腹を立てる。

【例文】

かんとくにおこられたので、むきになって野球部をやめた。

毒づく

ひどい悪口を言う。相手は悪くないのに、逆恨みや悪口を言う場合もある。

【例文】

バスケでシュートを決められず、チームメイトに毒づかれた。

八つ当たり

腹を立てて、関係のない人やものに対してその感情をぶつけること。

【例文】

ゲームで負けたからといって、友だちに八つ当たりをしてはいけない。

頭に血が上る

頭がぼうっとなるくらい、ひどくおこって興奮する。

【例文】

つい頭に血が上って、妹にひどいことを言ってしまった。

いきり立つ

激しく興奮しておこる。もうがまんできないと、感情を爆発させる。

【例文】

大切にしていたフィギュアをこわされていきり立った。

息まく

息をあらくして、激しい口調で言い立てる。

【例文】

弟に大事なおもちゃをこわされたので、息まいておこった。

ヒステリー

感情をおさえられず、興奮する精神の状態。

【例文】

お父さんとけんかしたお母さんはヒステリーを起こした。

当たり散らす

ひどく当たる。辺りかまわず当たる。

【例文】

今日はなぜかいらいらして、母に当たり散らしてしまった。

はらわたが煮えくり返る

腹の中が煮えたぎるほど、激しくおこる。

【例文】

楽しみにしていた約束をすっぽかされて、はらわたが煮えくり返りそうだ。

パート5 おどろく

ちょっとおどろく！

はっと

ショック

ぎょっと

耳をうたがう

目を見張る

あんぐり

がく然

度肝を抜く

息をのむ

言葉の変身～おどろく～

突然イヌにほえられたとき、いきなりボールが飛んできたとき、サプライズでプレゼントをもらったとき、宝くじが当たったとき……日常生活には心臓がどきどきするような「おどろき」や「びっくり」する体験がたくさんあるでしょう。人間は、自分が予想していないことが突然に起こるとびっくりしますが、それが悪い意味か、よい意味かは状況によって変化します。

たとえば、「ショック」や「ぎょっとする」という言葉は、悪い意味で使われることが多いですが、「驚異的」や「息をのむ」は、感心や感動したときなど、よい意味でおどろいたときに使うことが多い言葉ですので、ちがいを覚えておきましょう。

おどろくを言いかえてみると…

はっと

思いがけない出来事にびっくりする様子。

【例文】

自分でも気づかない欠点を指摘されて、はっとした。

どきっと

おどろきのために、心臓のこどうが激しく打つ様子。

【例文】

お母さんに宿題をやっていないことがばれてどきっとした。

きょとん

びっくりしたり、事情が飲みこめなかったりして、目を見開いてぼんやりしている様子。

【例文】

算数の授業で先生に当てられたが、問題の答えがわからずきょとんとした顔をした。

ぎょっと

予期しないことに出会って、おどろき動揺する様子。

【例文】

財布を落としたかと思いぎょっとした。

驚異的

おどろきの度合いが大きい様子。

【例文】

サッカーの練習をがんばったげんくんは、驚異的なスピードで上達している。

ショック

「おどろき」「刺激」などの意味の英語。非常なおどろきで、どきっとすること。

【例文】

好きなアイドルが解散してしまい、本当にショックを受けた。

目を見張る

目を大きく見開いておどろく。今までとあまりに変わった様子などを見て、おどろく。

【例文】

久しぶりに会ったいとこが、目を見張るほど大人っぽくなっていた。

耳をうたがう

ありえないことや思いがけない話を聞いて、聞きまちがいではないかと思うほどびっくりする。

【例文】

親友が転校すると聞いて、耳をうたがった。

目が点になる

びっくりする。まんがで、目を点のように描いておどろきの表情を表すことから。

【例文】

かわいいワンピースを見つけたが、とても値段が高くて目が点になった。

あんぐり

おどろいたりあきれたりして、口を大きく開ける様子。

【例文】

かなちゃんのドリブルの上手さに、みんなあんぐりと口が開きっぱなしだ。

あっけにとられる

おどろきのあまり、しばらくなにもできない状態になる。

【例文】

仲がいい友だちに裏切られてあっけにとられた。

ぼう然

気が抜けて、ぼんやりとする様子。

【例文】

あまりのショックにしばらくぼう然としていた。

息をのむ

おどろいたりおそれたりして、息を止める。

【例文】

テレビに出ている女優さんを生で見たとき、あまりの美しさに息をのんだ。

がく然

非常におどろいて動揺する様子。

【例文】

ぼくの成績表を見てお母さんはがく然とした。

度肝を抜く

非常におどろかせる。

【例文】

迫力のあるパフォーマンスに、ファンは度肝を抜かれた。

パート6　こわい

ちょっとこわい

おそるおそる
気(き)が気(き)でない
すくむ
おびえる

ぞっと
がくがく
青ざめる
背筋が寒くなる
おそれおののく

言葉の変身～こわい～

「こわい」とは、不安や心配といった、先のことがわからないときにわき起こるネガティブな感情です。こうしたもやもやとした感情を押さえつけていると、ストレスを感じてしまうこともあるので、自分の気持ちを「言葉にする」ことを心がけましょう。

たとえば、ジェットコースターに乗るときや、高い場所に上るときの不安な気持ちは「おそるおそる」や「がくがく」「すくむ」という表現がぴったりです。

一方で、「こわい」という気持ちが、心配や自信のなさから起こっている場合は、「気が気でない」や「たじろぐ」という言葉を使って自分の気持ちを表すことができるのです。

こわいを言いかえてみると…

気が気でない

心配で落ち着いていられない。

【例文】

今日は中学の合格発表の日なので、気が気でない。

肝を冷やす

非常におどろいて、ぞっとする。

【例文】

自転車とぶつかりかけて、肝を冷やした。

おそるおそる

びくびくしながら。こわごわ。

【例文】

おそるおそる扉を開ける。

おびえる

こわがってびくびくする。
こわさのあまり、ふつうの気持ちでいられなくなる。

【例文】
大雨の日にひとりで留守番をしていたぼくは、かみなりにおびえていた。

すくむ

おそろしさのあまり、体が縮んで動けなくなる。

【例文】
父の大きなどなり声に身がすくむ。

たじろぐ

相手の勢いに圧倒されて、しりごみする。

【例文】
対戦相手の急なこうげきに一瞬たじろいだ。

気味が悪い

なんとなくおそろしい。
なんとなく気持ちが悪い。

【例文】

家にある日本人形は、なんだか気味が悪い。

びくびく

おそれや不安を感じて、落ち着かない様子。

【例文】

皿を割ったことが、いつ母にばれるかとびくびくする。

ぞっと

きょうふのため、体がふるえ上がる様子。

【例文】

部屋にゴキブリが入ってきたので、ぞっとした。

青ざめる

こわくて、顔色が青白くなる。

【例文】

お風呂にスマホを落としたお兄ちゃんは顔が青ざめている。

背筋が寒くなる

こわくて、ぞっとする。

【例文】

お化け屋敷でだれかに急に手を引っ張られたので、背筋が寒くなった。

がくがく

おそろしさで、足やひざが小刻みにふるえる様子。

【例文】

がけから見下ろすと、ひざががくがくしてきた。

身の毛がよだつ

おそろしさのあまり、体の毛が逆立つ。

【例文】

身の毛がよだつほどおそろしい映画だ。

おそれおののく

おそろしさのために、体や手足がふるえる。

【例文】

動物園のライオンの迫力に、おそれおののく。

血の気が引く

きょうふなどのために青ざめる。顔の赤い血の色がなくなるということ。

【例文】

テストで大きなミスをしていたことに気がつき、血の気が引いた。

パート7　暗い気持ち

ちょっとつらい

あきる
めんどうくさい
めいる
うんざり

げんなり

へこたれる

頭を抱える

途方に暮れる

万策つきる

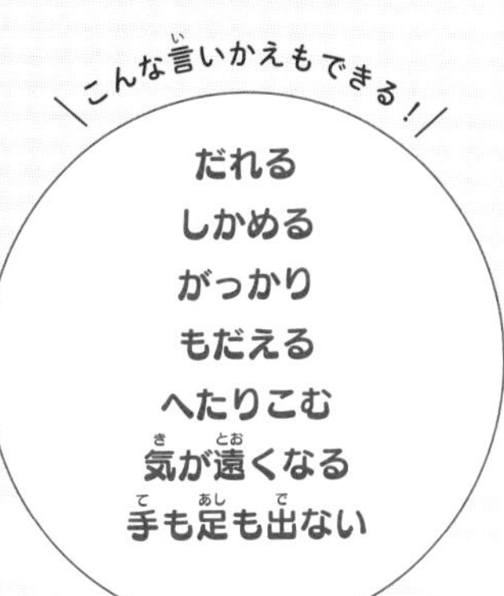

こんな言いかえもできる！

だれる
しかめる
がっかり
もだえる
へたりこむ
気が遠くなる
手も足も出ない

言葉の変身～暗い気持ち～

思わずため息をついてしまうほど心がずーんと重たくなることや、なんとなく胸がざわざわすること。そんな「暗い気持ち」を表す言葉はさまざまな種類があります。

たとえば、いやな出来事があって落ちこんだり、やる気が出ないとき「めいる」や「がっかり」「げんなり」などの言葉を使って感情を表現してみるとよいでしょう。

また、「頭を抱える」「気が遠くなる」「途方に暮れる」「手も足も出ない」などは、「自分にはどうしようもできない」とゆううつな気分になったときに多く使われる言葉です。そのときの気分に合わせて、ふさわしい言葉を選びましょう。

暗い気持ちを言いかえてみると…

めんどうくさい

非常にやっかいだ。わずらわしい。

【例文】

学校の宿題をやるのがめんどうくさい。

あきる

十分すぎたり、同じようなことが続いたりして、いやになる。

【例文】

毎日カレーが続くとあきてくる。

だれる

気持ちにしまりがなくなって、気がゆるむ。

【例文】

かんとくがいなくなると、チームの雰囲気はだれてしまう。

しかめる

不愉快な気持ちや苦痛を表して、顔にしわをよせる。

【例文】

おこづかいがほしいと言ったら、お母さんは顔をしかめた。

がっかり

望みがなくなったり当てが外れたりして、気力をなくす様子。

【例文】

受験に落ちてしまい、がっかりした。

めいる

元気がなくなり、暗い気分になる。

【例文】

先週から雨の日が続いていて気がめいる。

げんなり

あきてしまい、続ける気力がなくなる様子。

【例文】

好きな女の子に彼氏ができてしまい、げんなりする。

へこたれる

気力をなくす。

【例文】

テニスで3回も同じ相手に負けてしまいへこたれる。

うんざり

ものごとにあきていやになる様子。期待外れでがっかりする様子。

【例文】

夏休みの宿題が多すぎてうんざりする。

頭を抱える

心配ごとやなやみごとがあって、どうしたらよいかわからず困り果てる。

【例文】

算数の問題が難しくて頭を抱える。

へたりこむ

力が抜けて、その場に座りこむ。また、つかれて立てなくなる。

【例文】

今日は一日中水泳の練習をしたので、家に帰るなり玄関にへたりこんでしまった。

もだえる

苦痛にたえることができず、体を激しく動かす。

【例文】

大好きなあきちゃんに会えない日が続き、もだえ苦しむ。

手も足も出ない

力がおよばず、どうしようもない。解決する方法がない。

【例文】

今日のサッカーの対戦相手は、強すぎて手も足も出ない。

気が遠くなる

頭がぼんやりしてなにもわからなくなる。正気を失う。

【例文】

あと10kmも走らなければいけないなんて、気が遠くなる。

途方に暮れる

手段がつき、どうしてよいかわからなくて困り果てる。

【例文】

知らない町で道に迷ってしまい、途方に暮れる。

万策つきる

あらゆる方策がなくなる。

【例文】

まだ万策つきていないのでもう少しがんばってみよう。

パート8　はずかしい

ちょっとはずかしい

もじもじ
はにかむ
照れる
きまりが悪い

こんな言いかえもできる！

- くすぐったい
- 気後れ
- 情けない
- いたたまれない
- 肩身がせまい
- 真っ赤になる

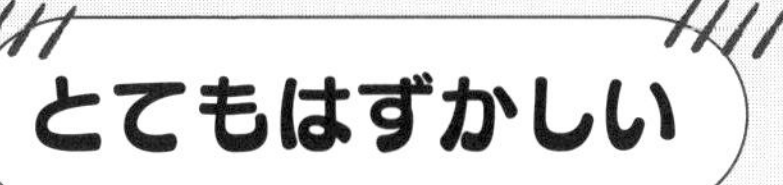

おどおどする

赤くなる

面目ない

穴があったら入りたい

顔から火が出る

言葉の変身～はずかしい～

どきどきと胸が高鳴って顔が熱くなったり、赤くなった顔を思わずかくしたくなったりしたことはありませんか。

このような「はずかしい」という感情は、好きな人と話すときやほめられたときなどに「照れくさい」という意味で使われます。

その一方で、みんなの前で失敗したりミスをしたりしてしまったときに、「自分が情けない、みじめだ」というときにも使うことができます。

また、日本語には「穴があったら入りたい」や「顔から火が出る」といった、はずかしい気持ちを表現した慣用句がいくつかありますので、気分に合わせて上手に使い分けてみましょう。

はずかしいを言いかえてみると…

もじもじ

遠慮したり、はずかしがって、ぐずぐずする様子。

【例文】

好きな女の子と目が合ったので、もじもじしてしまった。

照れる

人に注目され、緊張する。はずかしそうな表情になる。

【例文】

いつもおこってばかりの先生に、たまにほめられると照れてしまう。

はにかむ

はずかしがる。はずかしそうな表情をする。

【例文】

彼女のはにかむような笑顔にどきどきした。

きまりが悪い

体裁がよくないと感じて、気はずかしく思う。

【例文】

パーティーに場ちがいな服装で来てしまい、きまりが悪い思いをした。

気後れ

弱気になって、しりごみすること。

【例文】

今日の試合の対戦相手はとても強いので、気後れしてしまう。

くすぐったい

あまりにほめられて、照れくさい。くすぐられたように、むずむずした感じがすることから。

【例文】

真っすぐな目で見つめられて、くすぐったいような気持ちになった。

情けない

みじめだ。残念だ。

【例文】

大事な場面でミスしてしまい、自分自身が情けない。

おどおどする

緊張したり、こわがったりして落ち着かない様子。びくびく。

【例文】

職員室に入るときは緊張でおどおどしてしまう。

赤くなる

はずかしくて、顔色が赤みをおびる。

【例文】

好きな人を前にして自分の顔が赤くなるのがわかった。

いたたまれない

それ以上その場所にいられない。いたたまらない。

【例文】

体操服を忘れてきてしまい、体育の時間にいたたまれない気持ちになった。

肩身がせまい

世間や仲間に対して面目が立たず、引け目を感じている。

【例文】

いろいろな会社の社長ばかりが集まる会に来てしまい、肩身がせまい。

面目ない

はずかしくて顔向けできない。

【例文】

今日の試合に負けてしまったことは、キャプテンとして面目ない。

穴があったら入りたい

はずかしくて、人に顔を見られたくない気持ちのたとえ。

【例文】

合唱会で音程を外してしまい、穴があったら入りたい気分だ。

真っ赤になる

「赤くなる」を強調した言い方。はずかしさだけでなく、いかりで顔を赤らめることもいう。

【例文】

好きな子と席がとなりになり、顔が真っ赤になる。

顔から火が出る

とてもはずかしい思いをして、顔が燃えたように真っ赤になる。

【例文】

授業参観の日に先生のことをお母さんと呼んでしまい、顔から火が出そうだった。

パート9　美しい

映える
清らか
はなやか
きらびやか

こんな言いかえもできる！

端正
言葉を失う
心が洗われるような
この世のものとは思えない
目を閉じると浮かんでくる
絶景

幻想的

水のしたたるよう

優美

目がくぎづけになる

神々しい

言葉の変身～美しい～

大自然の景色、絵画、音楽、容姿など、人間は「美しい」ものに心がひかれます。この美しさは、さまざまな言葉で表現することができるので、覚えておくと周りから一目置かれるでしょう。

たとえば、景色や風景に対しては、「絶景」「映える」「幻想的」といった言葉を使って美しさを表すことができます。

また、美しいものを見て感動したり胸が熱くなったときは、「心が洗われる」や「言葉を失う」などの言い方で自分の感情を表現するとよいでしょう。

「清らか」や「はなやか」などの言葉は、単にきれいなだけでなく「けがれがない」「花のよう」というような意味合をふくみます。

目を閉じると浮かんでくる

頭の中に思い描くことができる。なつかしみを感じる※。

【例文】

沖縄の真っ青な海の風景が、目を閉じると浮かんでくる。

映える

調和して美しく見える。

【例文】

京都の紅葉は夕日に映える。

清らか

けがれがなくて、美しい様子。

【例文】

この女性の歌声は、とても清らかで心地がよい。

きらびやか

きらきらしていてとても美しい様子。

【例文】

きらびやかな衣装を身にまとい心がはずむ。

はなやか

花のように美しい様子。

【例文】

あの子の明るい笑顔のおかげで、場の雰囲気ははなやかになる。

端正

乱れたところがなく、整っていて美しい様子。顔立ち・体つき・動作などについていう。

【例文】

祖母のような端正で品のあるたたずまいに、あこがれる。

幻想的

現実にありそうもない、空想の世界にいるような様子。

【例文】

富士山の頂上から見た光景は幻想的で美しかった。

水のしたたるよう

人がとても美しいことのたとえ。みずみずしくて水がたれるようだということ。

【例文】

転校してきたかずきくんは水のしたたるような美少年だといううわさだ。

優美

上品で美しいこと。ものの形や人の動きなどについていうことが多い。

【例文】

茶道の先生は所作にむだがなく、一つひとつの動きが優美だ。

言葉を失う

感激したり、圧倒されたりして、なにを言えばいいのかわからなくなる。言うべき言葉が見つからない※。

【例文】

家族で聴きに行ったオーケストラは、言葉を失うほどの迫力だった。

目がくぎづけになる

美しさに心がひかれる。魅力的なものに目がはなせなくなる※。

【例文】

グループのセンターでおどるあの子のダンスに、目がくぎづけになる。

心が洗われるような

心のけがれた部分を洗い流され、きれいになるような気持ちになること※。

【例文】

田舎のおいしい空気を吸うと、心が洗われるような気がする。

この世のものとは思えない

現実ばなれしていてすばらしい。信じられないほど美しい様子※。

【例文】

東京で見たモデルさんは、この世のものとは思えないほどスタイルがよかった。

神々しい

尊くおごそかで、頭の下がるような思いがする。

【例文】

金閣寺は神々しいたたずまいだ。

絶景

このうえもなくすばらしい景色。

【例文】

富士山から見る初日の出は絶景だった。

パート10 感動する

ちょっと感動

感じ入る

ほろりとする

感銘を受ける

胸が熱くなる

こんな言いかえもできる！

こみ上げてくる

しびれる

心がふるえる

心を打つ

一生忘れられない

感無量

ぐっとくる

胸がいっぱいになる

心の琴線にふれる

脳裏に焼きつく

感極まる

言葉の変身〜感動する〜

あるものごとに胸を打たれたり、夢中になったり、心が動くような体験をしたりしたとき、どんな言葉で表現していますか。

一言で「感動」と言っても、さまざまな度合いがありますから、選ぶ言葉によって伝わり方も変わってきます。あなたの気持ちに一番近い言葉を見つけてみてください。

有名なスポーツ選手の本を読んで感動し、「明日からこの選手のように毎日朝練をしよう」と影響を受けることを「感銘を受ける」といいます。あるものごとや人などに対し感動し、自分自身の気持ちや行動が変化するような体験をしたときは、ぜひこの言葉を使ってみましょう。

感動するを言いかえてみると…

感銘を受ける

しみじみと感動し、心に深く刻みこまれること。

【例文】

ドキュメンタリー番組に感銘を受け、ボランティア活動をはじめる。

ほろりとする

感動し、思わずなみだぐむ様子。

【例文】

ドラマを観て思いがけずほろりとする。

感じ入る

すっかり感心してしまう。

【例文】

おじいちゃんは感じ入った顔つきで大仏を見上げている。

胸が熱くなる

感動がこみ上げる。

【例文】

甲子園の決勝戦を観て、胸が熱くなった。

こみ上げてくる

悲しみがわき上がってあふれ出る。なみだが急に出てくる。喜びやいかりの気持ちなどにもいう。

【例文】

部活の引退試合が終わり、さまざまな感情がこみ上げてきた。

ぐっとくる

感動や激しい感情がこみ上げてくる様子。

【例文】

プロポーズのために、ぐっとくる台詞を考える。

心の琴線にふれる

すばらしいものに深い感銘を受ける。心の奥深くにある、ものごとに感動・共鳴しやすい感情を、琴の弦にたとえた言葉。

【例文】

オーケストラによる生演奏は心の琴線にふれるすばらしさだった。

胸がいっぱいになる

大きな喜びなどで心が強く動かされ、その思いで満たされる。

【例文】

念願の県大会優勝を果たし、胸がいっぱいになる。

しびれる

強い刺激を受けて、感動する。

【例文】

しびれるほど、すばらしい映画を観た。

心がふるえる

しょうげきを受け、魂がふるえる。心が強く動かされる※。

【例文】

感動的な結末の小説を読み、心がふるえた。

一生忘れられない

くり返し頭に浮かぶ。インパクトがある。よい意味でも悪い意味でも使われる※。

【例文】

このドラマは一生忘れられないほど、予想を裏切るストーリー展開だ。

心を打つ

心に強い感動を与える。

【例文】

難病とたたかう少女のスピーチは、多くの人々の心を打った。

感極まる

感動の気持ちが、絶頂に達する。

【例文】

引退会見を行った野球選手は、感極まって声がふるえていた。

感無量

しみじみとした思いで、胸がいっぱいに満たされること。「無量」は、計り知れないほど多いこと。

【例文】

誕生日にたくさんの人にお祝いしてもらい、感無量である。

脳裏に焼きつく

目で見たことが強烈な印象で記憶に残り、忘れようとしても忘れられない※。

【例文】

何十年も前に美術館で観た絵が、今も脳裏に焼きついている。

パート11 好き

身近な存在への好き

したう

かけがえのない

偏愛

溺愛

遠い存在へのあこがれ

いつくしむ

ぞっこん

恋いこがれる

目がくらむ

尊い

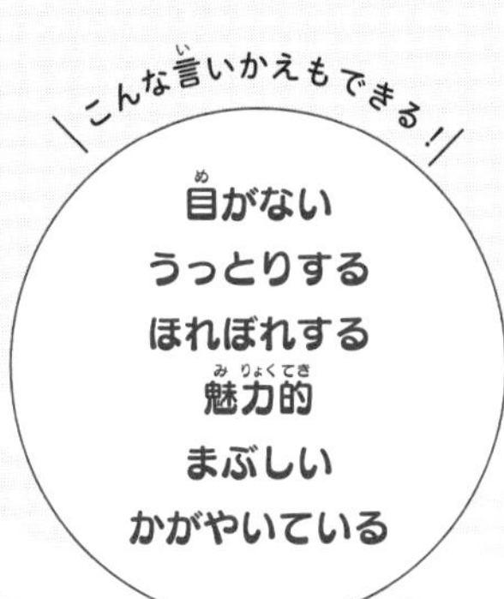

言葉の変身〜好き〜

あなたはどんなものが「好き」ですか。恋愛の好きもあれば、家族や友人に対する好き、食べもの、趣味……「好き」という気持ちには、さまざまな感情が入り混じっています。

たとえば、人に対する好意を表したいときは「したう」「いつくしむ」などの言葉を使ってみるとよいでしょう。

また、大好きなアイドルやスポーツ選手など、簡単には会えない遠い存在に対して「とても好き」な気持ちや、「あこがれ」の気持ちを表したい場合には「尊い」「目がくらむ」「まぶしい」「恋いこがれる」などの言葉があります。

あなたの「好き」の気持ちに近い言葉を探してみましょう。

好きを言いかえてみると…

かけがえのない

とても大切で、ほかのものではかえられない。

【例文】

家族みんなで行ったキャンプは、かけがえのない思い出になった。

したう

愛情を感じて、心がひかれる。

【例文】

ひなちゃんはバレー部の後輩にしたわれている。

偏愛

あるものや人だけを、かたよって愛すること。

【例文】

父は昔からスポーツカーを偏愛している。

いつくしむ

かわいがって大切にする。また、目下の者や、弱い者に対して愛情を注ぐ。

【例文】

飼いイヌのココのことを家族のようにいつくしむ。

溺愛

ほかのことが目に入らないほど、むやみにかわいがること。

【例文】

最近生まれたばかりの妹のことを溺愛している。

目がない

あるものが、すごく好きである。多く、食べものについていう。

【例文】

父はラーメンとギョーザに目がない。

うっとりする

美しいものや、気持ちがよいことに心をうばわれ、ぼうっとしている様子。

【例文】

大好きな俳優さんの演技に、うっとりとする。

ぞっこん

心の底からほれこんでいる様子。

【例文】

母は最近、韓国のアイドルグループにぞっこんだ。

ほれぼれする

心をうばわれて、うっとりする様子。

【例文】

ゆいちゃんは歌が上手く、ほれぼれとするような美声だ。

恋いこがれる

恋しさのあまり、ひどく思いなやむ。

【例文】

年上のバスケ部の先輩に恋いこがれる。

まぶしい

かがやくように美しい。

【例文】

ステージでおどるあの子の姿がまぶしい。

魅力的

人の心をひきつけるふしぎな力がある。

【例文】

校長先生は話がおもしろくて、とても魅力的な人だ。

かがやいている

まぶしいほど光を放つ。きらきらと美しく光る。

【例文】

オリンピックで活躍する選手たちは、みんなかがやいている。

目がくらむ

心をうばわれて、正しい判断ができなくなる。

【例文】

大好きなアイドルと握手をして目がくらむ。

尊い

尊敬できる。うやまうべきである。たっとい。

【例文】

なにをしていても、推しの姿は尊い。

パート12 おいしい

ちょっとおいしい

味わう
口に合う
堪能する
まろやかな

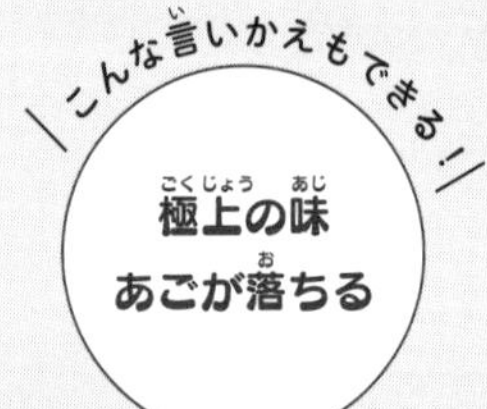

とてもおいしい

のどが鳴る

至福の味わい

舌つづみを打つ

ほおが落ちる

はしが止まらない

言葉の変身〜おいしい〜

おいしい料理を食べたときに「おいしい」以外の言葉で表すことができれば、表現が豊かになり、感情をより正確に相手に伝えることができるようになります。

たとえば、その食べものがどんな味かを伝えたいとき「コクがある」「まろやか」「香ばしい」などのさまざまな言葉を使うことで、より具体的なイメージを伝えることができるでしょう。

また、家族が作った料理を食べたときなどに、「おいしい」の一言とともに、「ほおが落ちそうだよ」「はしが止まらないよ」といった言葉も付け加えてあげると、作った人はいつもより喜んでくれるかもしれませんね。

おいしいを言いかえてみると…

味わう

食べてみて、味を楽しむ。

【例文】

母はいつも「ゆっくり、味わって食べなさい」と言う。

堪能する

十分に満足すること。

【例文】

食べ放題で焼き肉を堪能する。

口に合う

味が好みに合う。

【例文】

はじめてたまご焼きを作ったので、父の口に合うか心配だ。

至福の味わい

この上なく幸せを感じる味※。

【例文】

大好きなモンブランは、いつ食べても至福の味わいだ。

まろやかな

味がおだやかな様子。口当たりがやわらかい様子。

【例文】

このプリンはとてもまろやかでおいしい。

のどが鳴る

おいしそうで、すごく食べたくなる。

【例文】

帰り道、どこからかただようカレーのにおいにのどが鳴った。

舌つづみを打つ

おいしいものを食べたときに、あまりのおいしさに思わず舌を鳴らす。

【例文】

旬の食材を使った料理に、舌つづみを打つ。

極上の味

とんでもなくおいしい様子※。

【例文】

本場で食べた中華料理は、極上の味だった。

ほおが落ちる

とてもおいしいことのたとえ。

【例文】

ふわふわのパンケーキを食べてほおが落ちそうだ。

あごが落ちる

食べものの味が、この上なくおいしい。

【例文】

お寿司屋さんで食べたマグロは、あごが落ちるくらいのおいしさだった。

はしが止まらない

はしが止まらなくなるほどおいしいことのたとえ※。

【例文】

料理上手な母の手料理に、はしが止まらない。

パート13　がんばる

こつこつ
ひたむき
はげむ
こらえる

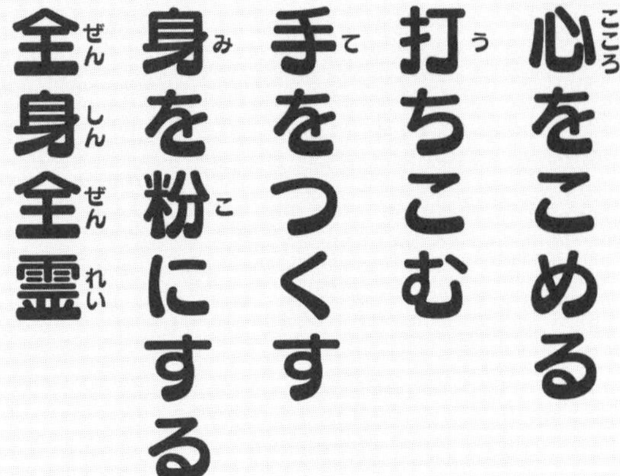

心をこめる

打ちこむ

手をつくす

身を粉にする

全身全霊

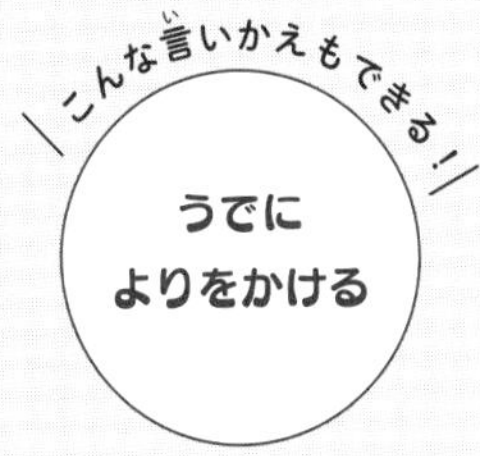

言葉の変身～がんばる～

スポーツの練習、勉強、ダイエットなど、目標や目的に向かって一生懸命「がんばる」のはとても大切なことです。そもそも「がんばる」とは、自分の持てる力を精一杯発揮して、ものごとを成しとげることを意味します。これは、さまざまな言葉で言い表すことができるので、気分や状況に合わせて使い分けてみてください。

たとえば「こつこつ」や「ひたむき」は**ひとつのゴールに向けて、長い時間をかけて努力を重ねる様子**を表します。

「身を粉にする」という言葉は、文字通り**「体が粉々になるまで努力する」**という意味があり、**自分の体がぎせいになるのもためらわない、という強い決意の表れ**をふくんでいます。

がんばるを言いかえてみると…

はげむ

あることを、できる限り努力してやる。自分のつとめや自分で決めたことを、がんばってやる。

【例文】

テストで90点を取るという目標に向け、毎日勉強にはげむ。

こつこつ

少しずつだが、ねばり強く着実に努力する様子。

【例文】

毎日こつこつと練習を重ねて、ようやく逆上がりができるようになった。

ひたむき

あるひとつのものごとに、一生懸命な様子。

【例文】

ひたむきに練習に取り組むチームメイトの姿に、勇気をもらった。

心をこめる

真心を持って、一生懸命にものごとをする。

【例文】

おばあちゃんのために、心をこめて手紙を書いた。

打ちこむ

ひとつのものごとに、全力を集中して取り組む。

【例文】

父は高校時代、全力で野球に打ちこんでいたそうだ。

こらえる

外から加えられた力にたえる。持ちこたえる。

【例文】

注射の痛みをこらえる。

うでによりをかける

自分の技術や能力を、全部出そうとがんばる。特に、張り切って料理を作るときに使う言葉。

【例文】

母の誕生日のために、うでによりをかけてケーキを作った。

手をつくす

あらゆる手段を使い、できる限りの努力をする。

【例文】

手をつくしたが、なくした財布はついに見つからなかった。

身を粉にする

苦労をおしまずに、一生懸命に働く。体がばらばらになって、粉になってしまうほどということ。

【例文】

身を粉にして練習をしたおかげで、目標の金賞を受賞することができた。

全身全霊

体も心も全部ささげて、精一杯がんばる様子。

【例文】

最後の陸上競技大会に向け、全身全霊で練習をした。

書店員さんのPOP紹介②

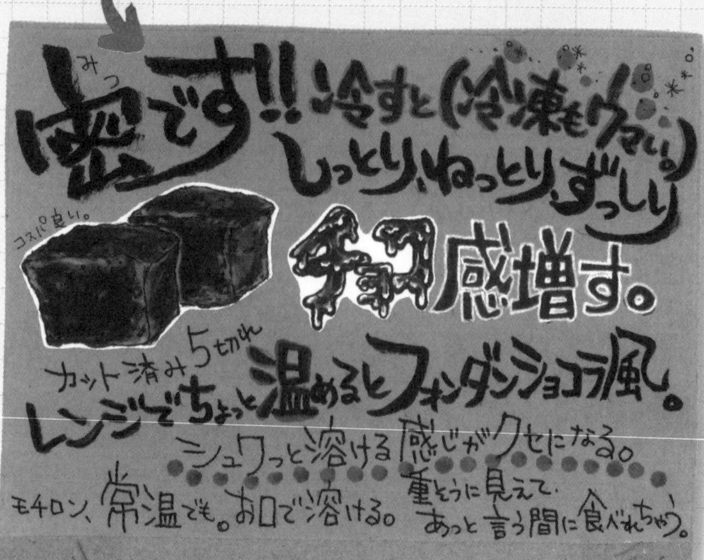

密です!!
冷すと 冷凍もウマい。
しっとり、ねっとり、ずっしり
コスパ良い。
チョコ感増す。
カット済み 5切れ
レンジでちょっと温めるとフォンダンショコラ風。
シュワっと溶ける感じがクセになる。
モチロン、常温でも。お口で溶ける。
重そうに見えて、あっと言う間に食べれちゃう。

こな・つむり作

「チョコレートが濃厚」と書くよりも、「ねっとり」「シュワっと溶ける」など五感にうったえかける擬音をたくさん使うことで想像力をかきたてるPOPにしました。「密です」のように流行語を用いると、さらにお客さまに見てもらいやすくなります。

3章

おうちの人とやってみよう

読書感想インタビューをやってみよう

1章で紹介したように言葉にできずもやもやとしていた頭の中が「会話」を通すことで、すっきりと整理されることがあります。ここでは、読書感想文を書くときを例に考えて、本を通して感じたことを言葉にする練習をしてみましょう。

読書感想文を書くのはとても大変です。どちらかといえば苦手な人が多いでしょう。しかし、本を読むことが「今まで気づいていなかった自分の気持ち」に気づくきっかけになることもあります。そうした気づきを得るために、まずはおうちの人と「読書感想インタビュー」をやってみましょう。インタビューに答える有名人になった気分で、思ったことを素直にたくさん話してみてください。

読書感想文の理想的なゴール

□、△、○、☆の部分を自分の言葉でうめられるようになることが、理想的な読書感想文のゴールです。ゴールに到達するためにスタートから少しずつ進めましょう。

□□ → だれが（登場人物）
△△ → なにをしたのか
○○ → あなたの感想
☆☆ → どうしたい、なにができる

スタート!!

感想
「本の中の□□が
△△していて、
○○だと思いました。」

↓

気づき
「ぼくは過去に□□みたいな
経験がありました。
そのときは△△
できませんでした。」

↓

学び
「だからぼくも☆☆をする
努力をしていきたいと
思いました。」

読書感想文、いっしょにやろうよ

＊5W1Hとは
いつ、どこで、だれが、なにを、どちらが、どのように

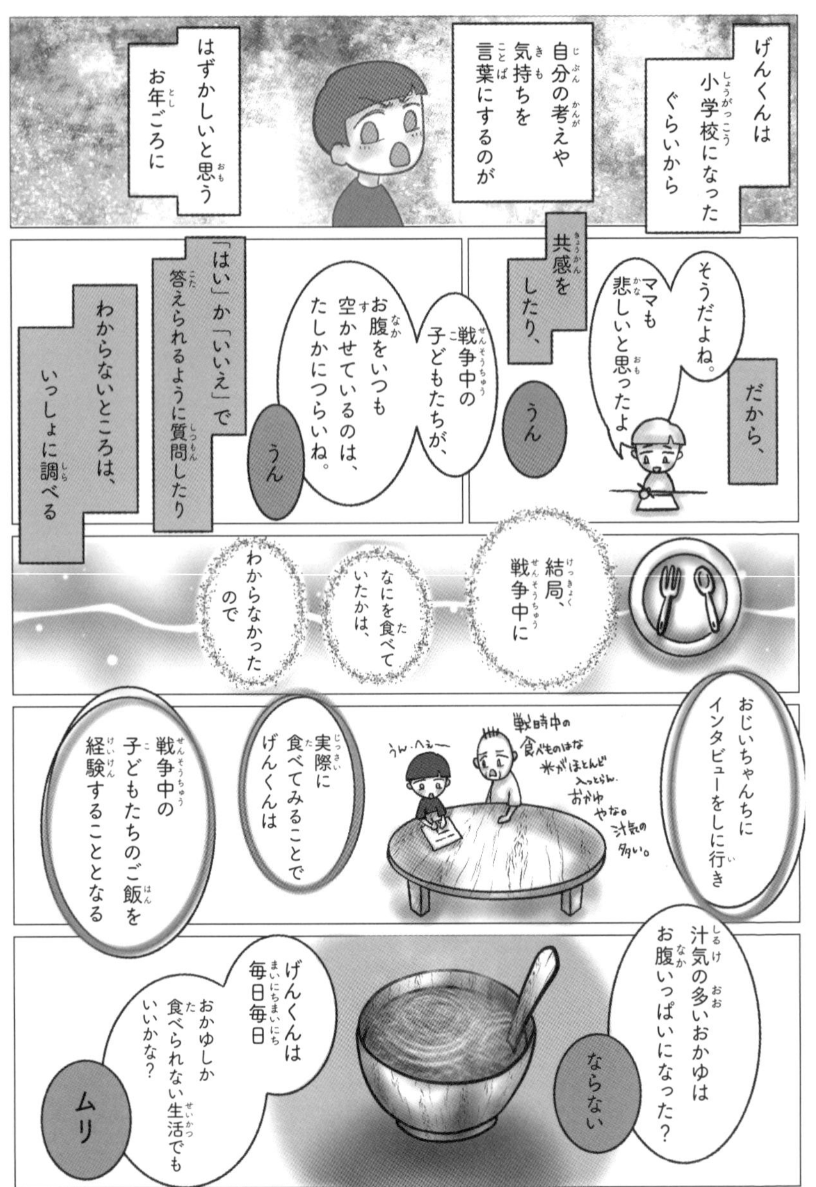

げんくんは小学校になったぐらいから
自分の考えや気持ちを言葉にするのが
はずかしいと思うお年ごろに
だから、
そうだよね。ママも悲しいと思ったよ
共感をしたり、
うん
戦争中の子どもたちが、お腹をいつも空かせているのは、たしかにつらいね。
うん
「はい」か「いいえ」で答えられるように質問したり
わからないところは、いっしょに調べる
結局、戦争中に
なにを食べていたかは、
わからなかったので
おじいちゃんちにインタビューをしに行き
戦時中の食べものはな米がほとんど入っとらん。おかゆやな。汁気の多い。
うん・へぇ〜
実際に食べてみることでげんくんは
戦争中の子どもたちのご飯を経験することとなる
汁気の多いおかゆはお腹いっぱいになった？
ならない
げんくんは毎日毎日おかゆしか食べられない生活でもいいかな？
ムリ

じゃあこの先もずっと食べものに困らない生活をするには
げんくんにできることはなんだろうね？
・・・・。
?
うーーーーーん
やっぱり、難しいかなぁ？
あのね、
考えがまとまってなくてもいいんだよ
なんとなくでいいし思ったままを言えばいいよ
経験することで気づくことがある
戦争をしないこと！
おっ！
そうだね！
気づくことで
学びを得ることができる
ポイッ
これいらなぁい
オケッごちそうさまっ
こっコラッ!!
毎日普通に
食べられることもありがたいと思ってね!!

1 自分で本を選ぶ

本を通して感じたことを「言葉にする練習」をすると、日常の中でも思ったことを家族や友人、先生など周囲の人に伝えやすくなります。

その第一歩として大事なのが、読書感想文を書くための「本選び」です。

本選びでもっとも大切な点は「自分で選ぶ」ことです。「おもしろそう」と思うものなら、どんなジャンルの本でも遠慮せずに「自分の好きな本」を選んでください。虫が好きならずかんでもいいですし、お料理が好きならレシピ本でもいいかもしれません。とにかく「興味があること」について書いてある本を探し、自分のお気に入りの1冊を選んでみましょう。

2 感想を言葉にする

本を読みながら「心が動いた」ページには付せんをはりましょう。全部読み終わったら、付せんをはったページをおうちの人と見返します。その中でも特に印象に残った(よく覚えている)場面を選んで、自由に感じたことを短い言葉で表してみましょう。「ここがすごかった」「ここがおもしろかった」などポジティブな感想だけでなく、「ここが悲しかった」「ここがつらかった」のようにネガティブな感想でも構いませんから言葉にしてみることが重要です。

たとえば、「主人公が敵をたおしたところはかっこよかったけれど、仲間のことを助けなかったからきらいになった」という感想もとても大切です。感想には正解も不正解もありません。思ったことや感じたことをどんどん言葉にしましょう。

インタビューの例①

このページに付せんをはったよ

どれどれ……。
これはだれが、なにをするシーン？

アドバイス

「どんなシーン？」というざっくりとした質問ではなく、一問一答で子どもが答えやすい聞き方で。

□□が△△するシーン

（＊□、△、○、☆になにが入るかは143ページを見てね）

へえ、それはママも気になるシーンだなぁ。げんくんはそのシーンでどう思った？

アドバイス

ここで共感や興味を示す一言を。

悲しかった

アドバイス

子どもがなにも答えない場合は、「楽しかった？」「わくわくした？」など「はい」「いいえ」で答えられる質問に変える。

その悲しい気持ちはどれが一番近いかな？

（48～55ページの「言葉の変身～悲しい～」をいっしょに見ながら）

3　気づきを得る

本を読み終わったら、自分が登場人物と「似ている」と感じることや、同じような経験をしたことがなかったかを振り返ってみましょう。

たとえば『ももたろう』では、主人公は仲間とともに鬼をたおします。この「ももたろう」を自分に置きかえて「仲間といっしょに目標を達成したことがないか」を思い出してみてください。

さらに「ももたろうのように仲間と力を合わせる」ということを今後どのような場面で活かすことができるか、たくさん想像をふくらませてみましょう。「家の大掃除を家族みんなで力を合わせてやったらすぐに終わらせられた」など身近なことでいいのです。本から得た気づきを、自分の日常と結びつけてみましょう。

インタビューの例②

げんくんは△△みたいな経験、したことあるかな？げんくんが□□の立場になったら△△できそう？

できないと思う

アドバイス

「考えがまとまっていなくてもいいよ」「ぴったりの言葉がなかったらなんとなくこんな感じだって、思ったままを言えばいいよ」などの言葉をかけ、子どもが話し出すまで待つ。

じゃあ、どうしたらげんくんは△△することができるようになるかな？

☆☆すればぼくもできるようになると思う

なるほど。そうだね。よく気がついたね

アドバイス

「感嘆詞＋共感＋ほめる」言葉でやる気を引き出す。

4 学びを得る

本の世界はわたしたちが今まで知らなかったことであふれています。自分が今まで経験したことがなく想像がつきにくいことや、興味を持ったこと、「もっと知りたい」と思ったことを実際に体験してみるといいでしょう。

たとえば戦争当時の物語を読んで、そのときの暮らしに興味を持ったら、その当時の食事がどんなものかを調べて、おうちで再現して食べてみるとなにか発見があるかもしれません。

本を読んではじめて知った食べものを実際に食べてみる、行ったことのない場所に行ってみるなど、おうちの人や周りの大人といっしょにどんどん新しいことに挑戦するきっかけになると、さらにいいですね。

インタビューの例③

げんくんは△△みたいな経験したことあるかな？

ないかも

じゃあ実際に戦争当時に食べられていたご飯をいっしょにおうちで作って食べてみようか

当時のご飯を食べて、げんくんはどう思った？

こんな食べものだけだと
お腹が空きそう

げんくんはお腹が空いて困ったことはある？

ないと思う

今の日本でいきなり戦争がはじまって、
食べものがなくなったらどう思う？

お腹が空いて困ると思う

この先もずっと、食事に困らないためにはどうしたらいいかな

戦争をしないこと

そうだね。今、毎日ご飯をお腹いっぱい食べられることを、当たり前だと思わずに感謝することもわすれないでね

インタビュアー（おうちの人）が気をつけるポイント

・事前に日にちを決めておく

読書感想文を書く日（インタビューをする日）を前もって子どもといっしょに決めておきましょう。子どもも「いつまでに読まなければいけない」ということがわかっているほうが、当日に取り組みやすくなります。

・いつも勉強する机に必要なものをセッティング

予め決めた日がきたら、本と原稿用紙など必要なものをいつも勉強をしている場所にセッティングし、「どんな本なのかな」「○○くんはどこに付せんをはったんだろう」というように何気なく声をかけてみると、子どもも参加してきてくれます。

※注意※

大人がなにかほかのことをしながら「読書感想文を書きなさい」と言うだけではだめです。親が付き添い、いっしょに取り組む姿勢を見せることで、子どもも前向きに取り組んでくれるようになります。

・親のほうも興味を示す、共感する

子どもが付せんをはったところを見せてくれたら「それママも気になっていた」や「へぇ。ママもそれはじめて知った」というように、親も興味を持っていることを示したり、共感したりすることが大切です。「なるほどね」などの相づちもたくさん言ってあげましょう。

書店員さんのPOP紹介③

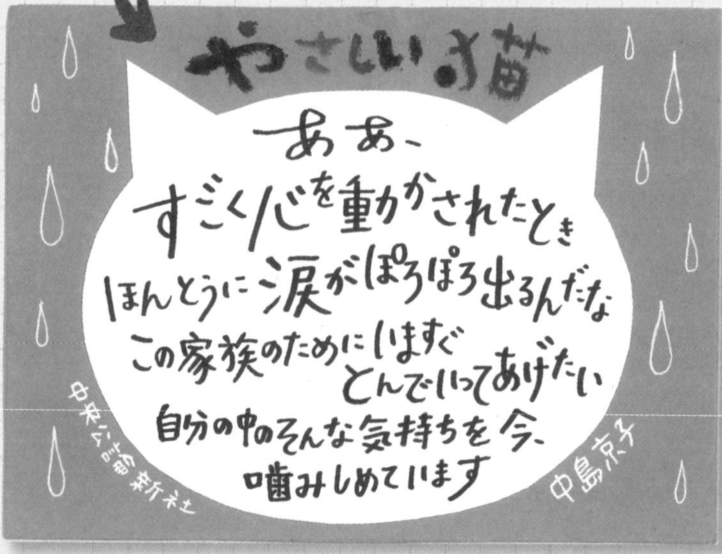

やさしい猫

ああ
すごく心を動かされたとき
ほんとうに涙がぽろぽろ出るんだな
この家族のためにいますぐ
とんでいってあげたい
自分の中のそんな気持ちを今、
噛みしめています

中央公論新社

中島京子

山中由貴作

ただ「泣ける」だけでなく、架空の家族のお話だと頭ではわかってはいるけれど、それでもこの家族が実在するかのように「心」が思ってしまう、自然に涙が出てしまう、それほど感情が動かされる本だった、ということが伝わるPOPにしました。

4章

文章を書いてみよう

感想文を書いてみよう

読書感想インタビューをし終わったら、実際に読書感想文を書いてみましょう。

ただしゼロからいきなり作文を書くことは、大人でも難しいことです。「なにを書いたらいいのかわからない」からといってあせる必要はまったくありません。

まずは、インタビューのメモをもとに下書きを作ってみましょう。おうちの人と行ったインタビューで、感想・気づき・学びの3つの要素を整理できたら、それぞれをグループ分けしたあとに、接続詞を書き足してつなげていきます。文の頭のところに、「だから」「なぜなら」などと書いていくとよいでしょう。

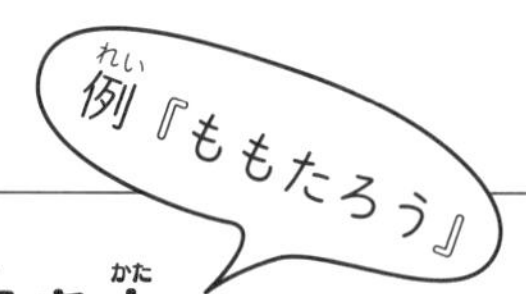

下書きの書き方

ももたろうが鬼をたおしたところが~~ぼくの好きなシーン~~。
ぼくの心がふるえたシーンです。

なぜなら

ももたろうが大きくてこわい鬼をたおしたところに、
~~びっくりした。~~度肝を抜かれたからです。
ももたろうがひとりだったら、~~負けていたかもしれない。~~
手も足も出なかったかもしれません。

しかし

ももたろうはイヌとサルとキジと力を合わせたから、鬼をたおすことができ~~た。~~ました。

だから

ぼくも友だちみんなで協力すれば、
ドッチボールの試合に勝てる~~と思った~~。
のではないかと、気づきました。ぼくは『ももたろう』から「協力し合うことの大切さ」を学びました。

アドバイス

- 接続詞や「です・ます」を書き足す
- 言葉を変身させる
- 気づきと学びのある感想文になるように書き足す（143ページを参考にしよう）

あらすじよりも「気持ち」を言葉に

読書感想文を書こうとするときによくあるのは、「ほとんどあらすじだけ」の感想文になってしまうこと。

本の内容を自分の言葉でまとめられるようになることは、たしかにとても大切な力ですが、そのことばかりに気をとられてしまってはいけません。「あらすじ」の書き方などは学校で国語の先生がていねいに教えてくれるはずです。おうちで読書感想文を書くときは、**自分自身がその本を読んで「どのようなことを感じたのか」**を大切にしましょう。

話のテーマ（友情、平和、家族など）に則して感じたことを最後に書くと、すっきりとまとめることができます。

文章のふくらませ方

さて、下書きが完成したら、次は今ある文章をさらにふくらませていきます。読書感想文に「これが正解」という答えはありません。自分が思ったことを気楽な気持ちで、自由に書いてください。

読書感想文の場合は、最低でも原稿用紙2枚以上であることが多いでしょう。それくらいの長さの作文を書くための、「文章のふくらませ方」をいくつかご紹介します。「あと200字くらい文字が足りない」というときに使える方法もあるので、参考にしてください。

おうちの方へ

子どもが感想文を書きはじめたら、なるべく大人は口をはさまないように気をつけましょう。また、勝手に直してしまうことも避けましょう。

パターン① 自分の経験を振り返る

インタビューを通して「自分も主人公たちと似た経験をしたことがある」ということに気づいたら、さらにその経験について内容をほり下げてみましょう。この方法が一番書きやすい文章のふくらませ方なので、なにを書いていいかわからないときは、試してみてください。

「似た経験」について、それはいつのことなのか、だれといっしょだったのか、そのとき自分はどう感じていたのか、うれしかったのか、つらかったのかなどを思い出しながらくわしく書いていくと、読む人に情景や感情が伝わりやすくなります。

おうちの方へ

「あんなこともあったよね」というように、記憶を引っ張り出すヒントをあげましょう。「5W1H」を意識すると、よりわかりやすい描写になるはずです。

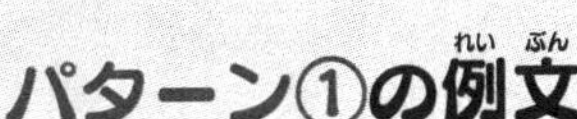

ぼくのクラスはドッチボールが弱いです。でも、それぞれの力を出し合って協力したら、はじめてとなりのクラスに勝つことができました。とてもうれしかったです。まるで、ももたろうとその仲間たちのようだなと思いました。

そのときの感情を書いてみよう

ももたろうと同じような経験をしたことについて書いてみよう

パターン② もし、わたしが○○だったら

「もし、自分が○○だったらどう思っただろう」「もし、自分が○○だったらどうしただろう」「もし、自分が○○だったらこんなことはしないのに」など、物語の中の登場人物になった気分で、いろいろな場面を想像をしてみましょう。本に書いていない、自分が作ったオリジナルの結末を考えるのは楽しいですよ。

また、主人公でなくても、その仲間や敵になった気持ちで思ったことを書いてみてもおもしろいですね。『ももたろう』だったら、ももたろうやその仲間だけではなく、「もし、自分がももたろうにたおされた鬼の子どもだったら……」と考えてみることで、よく知っている物語でも、これまでとはまったくちがう印象の物語に感じられるかもしれません。

もしぼくがももたろうがたおした鬼の子どもだったら、パパがももたろうにやられてとても悲しいです。だから、ももたろうと鬼が仲よくなれるように、ぼくとももたろうで話し合いをしたいです。

本に書かれていない自分だけの物語を作ってみよう

主人公以外にも敵の気持ちになって想像してみよう

パターン③　学びを日常に活かす

これは本を読んで気づいたり、学んだりしたことを、実際に自分の日常生活でどのように活かすことができるのかを考えて、文章にする方法です。

『ももたろう』のお話で、ももたろうはきびだんごをわたして鬼退治の仲間を集めます。これをまねして、学校生活やおうちで活かすことができないかを考えてみましょう。たとえば、仲よくなりたい友だちに好きなおやつなどを持って行って話しかけてみる、という行動も「学びを日常に活かす」ことのひとつです。

なかなか思い浮かばないときは、もう一度おうちの人といっしょに考えてみてくださいね。

パターン③の例文

ももたろうはキジを仲間に入れたけれど、弱そうだし鬼にやられないか心配でした。でも、キジはするどい口ばしで、鬼の目をつついて戦いました。ぼくは大きな声を出すのが得意なので、それを活かして放送委員としてみんなの役に立ちたいです。

本を読んで気づいたことを書こう

学校などで活かせる場面を考えよう

そのほかのパターン

感想や気づいたこと、学んだことなどを書いても、まだ文字数が足りないときに使える方法があります。

ひとつ目は、「お手紙風に書く」方法です。本の登場人物になった気持ちで手紙を書いてみたり、もしくは主人公に向けて手紙を書いてみてもいいですね。

次に紹介するのは「みんなにオススメをする」方法です。おもしろいテレビ番組や、自分が好きなキャラを「だれかに知ってほしい」という気持ちになったことはありませんか。そのときのような気持ちで「○○な人にこの本はオススメです」という一文で、感想文をしめくくるとよいでしょう。

そのほかのパターンの例文

おじいさん、おばあさん、ぼくのことをわが子のように大切に育ててくれてありがとう。おばあさんが作ってくれたきびだんごはとてもおいしかったです。ふたりのおかげでこんなにもぼくは成長しました。ももたろうより。

お手紙を書くつもりで

ももを切ったら、中から男の子が出てくるシーンはおどろきでした。これはファンタジーの本が好きな人にオススメの1冊です。

友だちに本をオススメするつもりで

原稿用紙の書き方を知ろう！

段落の書きはじめは１マス空ける

タイトルの上は２～３マス空ける

書きはじめに困ったら本と出会ったきっかけを

名前は姓と名の間を１マス空ける。最後も１マス空ける

会話文は改行する

〇〇「ももたろう」を読んで
×年△組〇こな〇つむり〇
〇わたしが「ももたろう」と出
会ったきっかけは、お友だちが
「この本おもしろいよ」
とすすめてくれたからです。

句読点は１文字として扱う

この本は川の上から流れてきたももを切ってみたら、中から男の子が出てきたお話です。
もしもぼくが切ったももから男の子が出てきたらとてもびっくりすると思います。

小さな「っ」「ゃ」「ゅ」「ょ」は１マス使う

本のあらすじは短めに

書店員さんのPOP紹介④

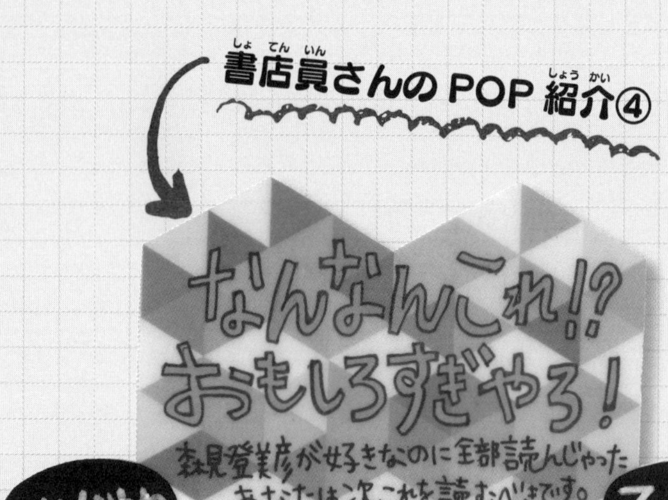

山中由貴作

小説内のセリフが全部方言なので、POPも方言を使ってゆるさを出しました。「のどかやね」「そうやね」は作中でよく交わされる主人公ふたりの掛け合いで、そこから物語の雰囲気が伝わるようにしました。

5章

話し言葉で伝えてみよう

「書く」と「話す」言葉のちがい

頭の中に浮かんでいることを「書いて」言葉に表すことと、「話して」言葉に表すことはちがいます。

「書いて」ある言葉を読んでもらうよりも、直接「話す」ほうが自分の思っていることをストレートに相手に伝えやすいでしょう。ただし伝わりやすいぶん、言葉を正しく使わないと相手を傷つけてしまったり、おこらせてしまうこともあります。

「大勢の前で話すのが苦手」「初対面の人と話すのが苦手」など、話すことが苦手な人は、ぜひこの章に書いてあることを参考にしてみてください。

共感ってなに？

人の意見、思いや感情に「自分もそう感じる」と思うことを「共感」といいます。「共感する力」は、人と関わり合いながら生きていくうえでとても大切です。

飼いイヌが亡くなり、泣いている友だちを見たら「きっとあの子は今、とても悲しいだろうな」と想像することができます。このように「自分がもし相手の立場になったらどう感じるのかな、思うのかな」と想像力を働かせることが共感する力です。

人とコミュニケーションを取るうえで、この「共感」はとても大事なことです。「相手はどう感じるかな」ということをいつも想像し、考えながら言葉を選びましょう。

聞き上手になろう

はじめて会う人と話すときは、だれもが少なからず緊張するものです。それが原因でなかなか友だちができない、なやんでいる人も多いでしょう。

そんな初対面の人との会話で、まず覚えておいてほしい大事なポイントは「相手の話を聞く」ということです。会ったばかりなのに、自分の話ばかりをすると、相手はあまりおもしろく感じません。「相手のことをもっと知りたい」という気持ちで、「どんなテレビ番組が好き?」「なにか習いごとはやっている?」など、いろいろな質問をしてみて、自分は聞き役にまわりましょう。「話すことが苦手」だと感じている人でも、この方法なら上手に会話ができるはずです。

はじめての人との会話のポイント

自分から話しかけてみよう

例「わたしの名前は○○だよ。○○って呼んでね」

相手の話を聞く

例「部活はやっている？」「なんのテレビ番組が好き？」
「好きな芸能人はいるの？」など

質問されたら、同じ質問をくり返す

例 相手「○○さんは習いごとをなにかやっているの？」
自分「わたしはサッカーをやっているよ。○○さんは？」

無理にがんばらない

無理に話題が途切れないようにがんばったり、笑いをとろうとする必要はない。
「へぇ」「うんうん」と相づちを打ちながら共感しよう。

コミュニケーション上手になるコツ

ほかの人とコミュニケーションを取るうえで重要な点は、「相手の話を聞く」ことと、「共感する」ことだということがわかりましたね。

そのふたつがわかったうえで、さらにコミュニケーション上手になるためのコツをいくつか紹介します。

「コミュニケーション上手になる」ということは単に「会話上手」になるということとはちがいます。相手の気持ちをくみ取りながら、自分の気持ちを正しく相手に伝えられるようになる、ということがカギです。無理をして会話を続けたり、笑わせようとする必要はありませんから、気楽に考えてくださいね。

コミュニケーション上手になるための6条

① 感謝の気持ちを伝えたいときは……

「ありがとう」を伝えたいときには、
気持ちをはずかしがらずに言葉にしよう。
「自分の感情＋ありがとう」というと、
より気持ちが伝わりやすくなる。

例
「○○さんが教えてくれたテレビ番組、
すごくおもしろかった。教えてくれてありがとう」
「今まで少女まんがしか読んだことなかったけど、
○○さんにすすめられたまんがを読んでから、
少年まんがにはまっちゃった。ありがとうね」

② 謝りたいときは……

友だちなどに謝りたいときには
「相手の感情＋ごめんね」という言い方で
謝るようにしよう。謝るタイミングを逃してしまったり、言葉に出すのがはずかしい場合は、手紙やメールでまずは謝ろう。

例
「わたしの言い方がきつかったよね。ごめんね」
「長い間待たせちゃって寒かったよね。ごめんね」

③ ネガティブワードの言いかえ

ネガティブ（否定的）な言葉を
ポジティブ（肯定的）な言葉に
置きかえてみよう。

例
×「男子ってうるさいよね」➜ ○「男子って元気だよね」
×「ビビりだよね」➜ ○「優しいよね・慎重だよね」

④ 相手の意見を受け入れる

「自分は反対の意見だな」と思っても
「そうだよね」と、
一度受け入れてみるようにしよう。
自分にはない、新しい考え方に
気づくことができるかもしれない。

例
相手「わたしは○○だと思う」
自分「そうなんだね。
どうして○○さんはそう思ったの？」

5 なやみを打ち明ける

心の中に抱えているなやみを話してみよう。**本音を話すことで、友だちとの信頼が生まれる。**実は同じようななやみを持っていたことがわかるかもしれない。ただし、友だちからなやみを打ち明けられたら、ほかの人に言いふらしてはいけない。

例
「実はわたし、新しいクラスで友だちができるか不安だったんだ。だから、○○さんが話しかけてくれて、とてもうれしかった」

6 相手のことをほめる

「この人は○○なところがすごいな」というように**相手のいいところに気づいたら、素直にそれを伝えてみよう。**でも、思ってないことを無理に言う必要はない。

例
「○○さんがいればドッチボールは無敵だよね」
「○○さんは勉強を教えるのがとても上手いね。今までで一番わかりやすかった。また教えてね」

（おうちの方へ）親子のコミュニケーションのコツ

親子間のコミュニケーションにおいて、大人が注意したいポイントをまとめました。
お子さんとの会話で困ったときに、ぜひ参考にしてみてください。

●子どもの気持ちに共感する

子どもの気持ちをくんで、共感し、言葉にしてあげることが重要です。
子どもの気持ちに寄り添える言葉を選びましょう。

例 （子どもが転んだとき）↓○「痛いねぇ」　×「大丈夫。痛くないよ」
＊「痛い」と言った子どもの気持ちを「痛くない」とごまかさずに、共感する。

●子どもを注意するときは……

「なんで○○したの？」というしかり方をすると、子どもは困惑します。
回答の選択肢を与える問い方をし、子どもの心の葛藤を吐露させましょう。
子どもの気持ちにぴったり合った言葉が出せるようにしておくとよいです。

例 「いやなことをされたから叩いたの？　それとも○○くんが先に叩いたの？」

●親の気持ちを言葉にして伝える

親側の感情をきちんと言葉にして子どもに伝えることも大切。

「がっかりだな」「それはよくないね」などのネガティブな感情や、「とても助かったよ」などのポジティブな感情をたくさん言語化しましょう。

例「○○ちゃんが片づけしてくれたから助かったよ。ママうれしいな。ありがとう」

「その気持ちすごくよくわかるよ。大変だったね」

●子どもの愚痴に対しては……

子どもの感情的な愚痴に対して、解決方法やアドバイスで返答するのではなく、子どもの気持ちを受け止め、共感してあげましょう。

例 子ども「わたしはアイドルに興味ないのに、○○ちゃんがずっと推しの話ばっかりしてくるんだよ」

親 ↓○「たしかにママもずっと聞いているのはしんどいかも」

↓×「ちがう話題を振ってみたら？」「聞き流せばいいじゃん」

おわりに

いい本屋さんには「楽しいＰＯＰ」があります。本屋さんで本を選ぶとき、ＰＯＰはとても役に立ちます。ＰＯＰに書いてある内容が素敵なら、その本を読みたいと思うからです。

魅力的なＰＯＰを書くのは、書店員さんです。書店の店員さんは、本が好きで本を愛しています。そんな書店員さんが選ぶ「本屋大賞」は、その年の文芸書の中でも最も魅力のある本を選び表彰するもので、今や「芥川賞」「直木賞」と並ぶ大きな賞になりました。この事実は、書店員さんには確かな本を選ぶ「目」があるということを示す事実ともいえます。

そんな書店員さんの中で、ＰＯＰ職人として知られる、3児の母、こな・つむりさんの著書である本がおもしろくないはずがありません。こな・つむりさんの書籍制作に関わる機会をいただき、わたしも読者のみなさまと同様に多くのことを学びました。

たとえば、2章では本を読んだ印象を伝える表現として、形容詞、形容動詞、副詞、オノマトペ、ことわざ、慣用句、四字熟語などさまざまな言葉を具体的に挙げ、描写の内容によって関連する言葉を、その言葉の意味やニュアンスの濃淡を意識して並べ、使い方を意識する例文を示すなど、言葉の使い方をわかりやすく解説しています。

POPづくりでは、限られたスペースの中で、本の魅力が伝わる言葉選びをしなければなりません。どのように言葉を効果的に使うのか、著者のこな・つむりさんのアイデアが満載されているこの本を日常生活の中でどうぞお子さまとともにお楽しみください。

中部大学教授　こども・ことば研究所理事長　深谷圭助

さくいん

あ
青ざめる 86
赤くなる 101
あきる 91
あごが落ちる 133
足取りが軽い 45
味わう 131
頭に血が上る 70
頭を抱える 94
当たり散らす 71
あっけにとられる 78
穴があったら入りたい 103
あんぐり 78

い
息まく 70
いきり立つ 70
息をのむ 79
いたたまれない 102
いつくしむ 124
一生忘れられない 118
いらいら 67

う
打ちこむ 138
打ちひしがれる 54
有頂天 47
うっとりする 125
うでによりをかける 138
うなだれる 53
うんざり 93

え
えぐる 53

お
おそるおそる 83
おそれおののく 87
おどおどする 101
おびえる 84

か
顔から火が出る 103
顔をほころばせる 46
かがやいている 127
がくがく 86
がく然 79
かけがえのない 123
肩身がせまい 102
肩を落とす 51
がっかり 92
かっとなる 68
歓喜する 46
感極まる 119
感じ入る 115
感無量 119
感銘を受ける 115

き
気後れ 100
気が気でない 83
気が遠くなる 95
きまりが悪い 100
気味が悪い 85
肝を冷やす 83
驚異的 76
ぎょっと 76
きょとん 75
清らか 107
きらびやか 108

く
くすくす 60
くすぐったい 100
口に合う 131
ぐっとくる 116

け
けたけた 162
げらげら 62
幻想的 109
げんなり 93

こ
恋いこがれる 126
神々しい 111
小おどりする 45
極上の味 133
心が洗われるような 110
心が痛む 51
心がふるえる 118
心の琴線にふれる 117
心を打つ 118
心をこめる 138
こつこつ 137
言葉を失う 110
この世のものとは思えない 111
こみ上げてくる 116
こらえる 138

さ
逆らう 68

し
しかめる 92
したう 123
舌つづみを打つ 132
しびれる 117
至福の味わい 132
ショック 76

す
すくむ 84
すねる 67

せ
背筋が寒くなる 86
絶景 111
絶望 54
全身全霊 139

そっこん……125
ぞっと……85
た
たじろぐ……84
だれる……91
端正……108
堪能する……131
ち
血の気が引く……87
て
溺愛……124
手も足も出ない……95
照れる……99
照れ笑い……60
手をつくす……139
天にものぼる心地……47
と
尊い……127
どきっと……75
ときめく……43
度肝を抜く……79
毒づく……69
途方に暮れる……95
な
なげく……54
情けない……101
に
苦笑い……59
にこにこ……44
にやにや……59
の
脳裏に焼きつく……119
のどが鳴る……132
は
映える……107
はげむ……137
はしが止まらない……133
はっと……75
鼻歌を歌う……44
はなやか……108
はにかむ……99
腹の皮がよじれる……63
はらわたが煮えくり返る……71
晴れ晴れとする……45
万策つきる……95
ひ
悲観……52
びくびく……85
ヒステリー……71
ひたむき……137
ふ
ふき出す……61
へ
へこたれる……93
へそで茶をわかす……63
へたりこむ……94
へらへら……61
偏愛……123
ほ
ぼう然……78
抱腹絶倒……63
ほおが落ちる……133
ほおがゆるむ……44
ほくほく……43
ほほえむ……60
ほれぼれする……125
ほろりとする……115
ま
真っ赤になる……103
まぶしい……126
まろやかな……132
満面の笑み……62
み
水のしたたるよう……109
水を得た魚のよう……45
身の毛がよだつ……87
耳をうたがう……77
身も世もない……55
魅力的……126
身を切られる……55
身を粉にする……139
む
むきになる……69
虫の居所が悪い……68
むっとする……67
胸が熱くなる……116
胸がいっぱいになる……117
胸がしめつけられる……52
胸がつぶれる……52
胸がはりさける……53
め
めいる……92
目がくぎづけになる……110
目がくらむ……127
目が点になる……77
目がない……124
目の前が暗くなる……55
目をかがやかせる……47
目を閉じると浮かんでくる……107
目を見張る……77
めんどうくさい……91
面目ない……102
も
もじもじ……99
もだえる……94
や
八つ当たり……69
やるせない……51
ゆ
優美……109
ユーモア……61
夢見心地……46
れ
冷笑……59
わ
わくわく……43

装幀　小川恵子(瀬戸内デザイン)
本文デザイン　太田玄絵
編集協力　オフィス三銃士
編集　滝川昂(株式会社カンゼン)

表現力が伸びる！ 気持ちを伝える！
小学生のためのことば変身辞典

発行日　2023年5月27日　初版

著者　こな・つむり
監修者　深谷 圭助
発行人　坪井 義哉
発行所　株式会社カンゼン
〒101-0021
東京都千代田区外神田2-7-1 開花ビル
TEL 03(5295)7723
FAX 03(5295)7725
https://www.kanzen.jp/

郵便為替　00150-7-130339
印刷・製本　株式会社シナノ

ISBN 978-4-86255-681-3
Printed in Japan

定価はカバーに表示してあります。
ご意見、ご感想に関しましては、kanso@kanzen.jp まで
E メールにてお寄せ下さい。お待ちしております。

著者プロフィール
こな・つむり（川口諭美）
大学、専門学校でデザインとパターンを学び、卒業後はアパレル系企業にて7年勤務。結婚後、3人の子どもを出産し産休期間は粘土造形ハンドメイド作家として活動する。育児が落ち着いた後、書店員となり3店舗のPOP制作、装飾を担当し、ディスプレイコンテストで多数受賞。書店員を退職しフリーでPOP職人、装画イラストレーター、POP作り講座、読書感想文講座などの活動を続けている。

Twitter @conatumuribooks

監修プロフィール
深谷圭助
（中部大学現代教育学部現代教育学科教授）
1965（昭和40）年、愛知県生まれ。愛知教育大学卒。名古屋大学大学院教育発達科学研究科博士後期課程満期退学。博士（教育学）。公立小中学校教諭、立命館小学校校長を経て、現在中部大学教授のほか、現代教育学研究所所長、NPO法人こども・ことば研究所理事長を勤める。1990年代から「辞書引き学習法」を開発・提唱している。大人の学び方やグローバル社会における教育技術の共有化についても関心を広げている。著書に『7歳から「辞書」を引いて頭をきたえる』（すばる舎）『小学校6年生までに必要な語彙力が1冊でしっかり身につく本』（かんき出版）ほか多数。

参考資料
『例解学習国語辞典 第十一版』（小学館）
編集代表 深谷圭助

『例解学習類語辞典』（小学館）
監修 深谷圭助